家族と生きる ハッピーアドバイス

人生100年時代 心と心のつながり

心療内科医
明橋大二

イラスト✻太田知子

1万年堂出版

はじめに

令和四年七月、厚生労働省は、日本人の平均寿命が、男性八一・四七歳、女性八七・五七歳になったことを発表しました（令和三年簡易生命表より）。

新型コロナの影響もあり、前年よりやや下がったとはいえ、世界的に平均寿命は延び続けており、日本においては、二〇〇七年生まれの人のなんと五〇パーセントが、百七歳まで生きると推測されています。

まさに人生一〇〇年時代の到来です。人類が長い間求めてきた長寿社会が実現しつつあるわけで、人類の英知と医療の進歩の成果だと、皆で祝福してもよさそうなものだと思います。

ところが現実には、延びた命で何をしていいか分からず、逆に不安と戸惑いで、退職後に、うつ状態になる人も少なくないのが現状です。

今、六十五歳を迎える人が生まれた昭和三十年代初頭、その時の日本人の平均寿命はちょうど六十五年ぐらいでした。すると、その頃の人々の人生設計は、学校を卒業して就職し、結婚、出産、子育てを経て、子どもが成人した頃には退職し、まもなく死んでゆく、というものでした。

これを単純化すると、三つのステージの人生、ということになります。教育のステージ、仕事のステージ、そして引退のステージです。

ところが、人生一〇〇年時代になると、引退のステージだけが、途方もなく長くなります。ですからこれを、ただ仕事を引退して、悠々自適の生活を送る、という旧来のプランで乗り切ることは、到底不可能になってくるのです。

そういう意味では、もはや人生は、三つのステージではありません。仕事を退職したあとに、第三のステージ、第四のステージ、第五のステージと、大きな変化の節目がやってくる、マルチ・ステージの時代となっているのです。

ではそのマルチ・ステージの時代に必要なことは何でしょう。

大切なのは、目に見える資産（お金、家、土地など）と、目に見えない資産のバランスを取ることだといわれます。

お金の大切さは、誰でも分かりますが、目に見えない資産とは何でしょう。

それは、心身の健康、知識やスキル、そして家族や友人などとの人間関係、この三つです。

特に人とのつながり、家族とのつながりは、これからの人生が幸せなものになるかどうかを左右する、大きな要因といえるでしょう。

ところが実際には、人間関係のストレスで、苦しむ人が後を絶たないのが現実です。心療内科に相談に来られる人の話を聞いても、八、九割は人間関係のこじれや喪失が原因です。

ですから今後、人生一〇〇年時代を、幸せに乗り切るためには、人との関係、家族との関係をいかに円滑にやっていくかが、大きな鍵を握っているといえるでしょう。

しかしそうは言っても、誰も経験したことのない新しい時代です。教える人もないし、学ぶ教科書もありません。いったい私たちはどうすればいいのでしょう。

そんな時、私のもとに、1万年堂出版より、『月刊なぜ生きる』の相談コーナーの依頼がありました。私は今まで、どちらかというと、子育ての相談には応じてきましたが、今回は、大人、さらには年配の方の質問がほとんどです。

しかし、そういう質問を読者の皆さんとともに考えていく中で、私もたくさんのことを学ばせていただきました。きっと皆(みな)さんにとっても参考になることがあると思います。

そして最後に、はっきり分かったことがありました。

人間にとって大切なことは、子どもも大人(おとな)もお年寄りも関係ない。一人の人間として尊重されること、人との温かいつながり。そういうものがあってはじめて、幸せに生きることができるのだと。

最後、死んでいく時に、「あなたに逢(あ)えてよかった」「あなたに遇(あ)えて、幸せな人生だった」と、家族でも、親子でも、友人でもいい、一人でもそういう人に出会えたなら、それこそが、「見えない宝物」といえるのではないでしょうか。

この小著が、少しでも皆(みな)さんの今後の人生のお役に立てたなら幸甚(こうじん)です。

明橋大二

もくじ　家族と生きる ハッピーアドバイス

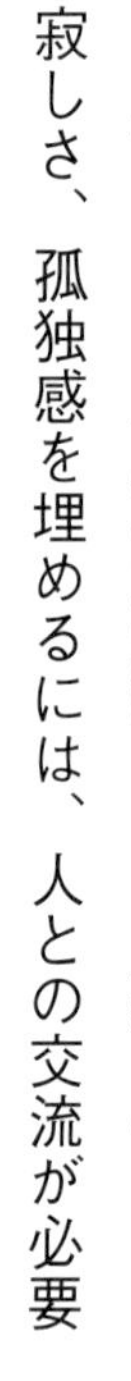

●高齢者の心のケアを学んでいきましょう

●お年寄りに、「自分は大切にされている」と感じてもらうことが、最大の心のケアになります

●「あなたが大切だ」という気持ちの伝え方

●残された時間を、笑顔で過ごすために

17

Q 高齢の父の部屋に、どんどん不要な物がたまっていくので困っています

A お年寄りの「不安」や「孤独」が原因かもしれません

●「物を捨てられない」そういう気持ちを少しでも理解するのが第一歩

●人との会話を増やし、孤独感を和らげる工夫を

210

Store
ありがと〜!!

家族と生きる
ハッピーアドバイス

1

三十歳を過ぎた息子と、どうすれば親子関係を取り戻せるでしょうか

Q

三十歳を過ぎた息子は、露骨に親に反発してきます。どうすれば親子関係を取り戻すことができるだろうか、と悩んでいます。

高校までは、とても素直でいい子でした。それは、「甘やかしてはいけない」と思って厳しくしていたので、表面だけ合わせていたのかもしれません。「これから、将来、どうするんだ」と聞くと、「ふん！　心配なの？　もっと早く心配してほしかったよ」と息子は、横を向いてつぶやきました。親として、本当にかわいそうなことをしたと思っています。

（62歳・男性）

反抗してきた今こそ、親子関係修復のチャンス！

大人になっても、子ども時代の親子関係のしこりを抱えながら生きている人は少なくありません。私の診察室にも、そういう人はたくさん訪れます。表面上は、職場の人間関係とか、子育ての悩みであったとしても、その背景に、生い立ちや自分の親との関係の根深い問題が隠れていることが多いのです。

そしてそのような心のしこりを抱えている人の多くは、小さい時、「手のかからない、いい子だった」とか、「思春期になっても反抗期がなかった」と言われることが多いです。

われわれ精神科医は、そういうことを頻繁に経験しているので、だからこそ

「手のかからない、いい子は逆に心配」「思春期に少しも反抗しないのは心配」

と、いつもお伝えしているのです。

子どもの反抗は、心のSOSなのです

なぜそういう子どもが心配なのかというと、子どもは本来、手がかかるものです。大人や周囲の都合などは考えず、自分の気持ちばかりぶつけてきます。それが子どもというものです。

そうするうちに、世の中は自分の思いどおりにならないことを知り、自分の気持ちばかりぶつけるのは決して得策でないと気づいてきます。相手の気持ちに配慮することで、逆に自分を生かす術もある、そういうことも知って、次第に大人になっていくのです。

ところが、手のかからない、いい子というのは、自分の気持ちを表現する前

に、相手に合わせることを優先してしまいます。その結果、自分の気持ちを表現できなくなり、やがて自分の気持ちを押し殺すようになってしまいます。中には、大人が自分に求めることを、自分の気持ちと勘違いして生きてしまう子どももいます。

そうすると、表面的には、大人にとっては、都合のよい子、手のかからない聞き分けのいい子になりますが、その裏で、本当の自分の気持ちは、心の奥底に閉じ込めてしまいます。

その封印された感情（多くは怒りや悲しみ、寂しさなど）が、後になって、何かをきっかけにして爆発し、精神的な病気や、問題行動として出てくることがあるのです。

反抗期にしても同じです。思春期になると子どもは親と違う意見、価値観を持つようになります。

それは親から精神的に自立するために必要なことなのですが、何らかの理由で反抗期がなかった場合は、心の成長がどこかで止まっているか、環境が反抗できるような状況でなかった（虐待など）ことが考えられます（もちろん反抗期がなくても心配ない場合もあります。二、三年後れて反抗期が来る子もありますし、親が理解があって反抗する必要がない、という場合はそれほど心配ありません）。

ですから子どもが、あまりにも手がかからない、いい子であったり、まったく反抗しない子だったりする場合は、「この子は手がかからないから楽でいいわ」とか、「反抗もしないし、素直な子でよかった」と安心するのではなく、「むしろ心配だ」と考えて、大人のほうから少し働きかけをする必要があるのです。

「我慢してるんじゃないか」「無理して大人に合わせているんじゃないか」と考えて、本当の気持ちを聞き出す努力が必要です。そうして初めて、徐々に自分の気持ちを出せるようになる子どももあるのです。

片付けなさい!!
ぷいっ
やだー
子どもは本来
手がかかるもの
おにごっこ
したくない!!
ゲーム
やりたい!!
えー
周囲の気持ちなど
考えず、自己主張
をします
そうして、友達と
ぶつかる経験を
しながら
ポツン
じゃあ
いいよ
行こう
僕らだけで
やるから
行こう
次第に成長していきます
じゃあさ、
おにごっこの後
みんなでゲーム
しようよ
いいよ!

しかし、手のかからないいい子は
お母さんが帰ってくる前に片付けておこう
相手の気持ちを優先し
僕、生き物係やりたいから、君は電気係でいい？
いいよ
本当は生き物係がいいけど
佐藤君がやりたいのなら、僕は我慢しよう
自分の気持ちは押し殺してしまいます
それが後になって爆発することがあるのです
甘えているやつらが許せない!!
僕が我慢してることも気づかないで、どんどん押しつけてきた親も許せない！

親子のわだかまりは、必ず解けていきます

さて、それでは、不幸にして上手に自分の気持ちを出せないまま、大人になってしまった場合は、どうすればいいのでしょう。私はそういう人は、どこかで必ず、押し殺した気持ちを表に出してくる、そういう日が必ず来ると思っています。

そして私はこの質問を読ませていただいて、そういう日がまさに今、訪れていると感じました。

子どもも、「ふん！　心配なの？　もっと早く心配してほしかったよ」と、憎まれ口をたたくようになっています。ようやく反抗期が来たのです。自分の本当の気持ちを表に出してきたのです。

また親も「高校までは、とても素直でいい子でした。それは、『甘やかしてはいけない』と思って厳しくしていたので、表面だけ合わせていたのかもしれません」とおっしゃっています。私は確かにそのとおりだと思います。**親としては子どものためと思って厳しく接してきたのかもしれませんが、それは子どもには伝わっていなかったのです。**むしろ、結果としては、子どもが自分の気持ちを表現することをできなくしてしまったのです。だから子どもは、「親にたてついたら罰せられる」と思って、素直ないい子にならざるをえなかったのだと思います。

しかし今、「親として、本当にかわいそうなことをしたと思っています」と、親も自分の関わり方を振り返っておられます。

これこそ、親子関係修復のチャンスと言わずして何でしょう?

「もっと早く心配してほしかったよ」という言葉の奥には、**単なる憎まれ口で**

はなく、自分が本当につらい時に親は気づいてくれなかった。どうして気づいてくれなかったのか、という心の叫びがあります。

とするならば、ここは売り言葉に買い言葉で「何だよ！　こんなに心配してやっているのに！」などと返さずに、冷静に、「そうか、もっと以前に、心配しなきゃならないことがあったんだな。それほど苦しい思いをしていたのに、ちっとも気づかないで悪かったな」と伝えるのです。そして、「どんなことがあったのか、よかったら聞かせてもらえないか？」と聞くのです。

子どもは、「今さら遅いよ」と口を閉ざすかもしれません。しかしきっとそのうち、また憎まれ口をたたくことがあると思います。その時にまた、「聞かせてほしい」と伝えるのです。

そういうことを繰り返すうちに、子どもは重い口を開いてくると思います。「だって、あの時、こんなことがあったんだよ。でも親は、ぜんぜんまともに取り合おうとしなかった。あの時、自分は親にも絶望したんだよ」というよう

子どもの心の叫びをしっかり受け止めて、
「気づかなくて悪かった」と伝えるのです

なことを言ってくると思います。そのうち怒りはエスカレートして、涙まじりになるかもしれません。しかしそういう心の叫びをしっかり受け止めて、「気づかなくて悪かった」と伝えることで、子どもはようやく、親に自分の心のつらさを理解してもらえた、と思うことができるのです。

もちろん、長年の心のしこりが、一度や二度の会話で解けることはないかもしれません。しかし間違いなく、このような会話を繰り返すことで、子どもは楽になっていくし、親子のわだかまりは解けていきます。

親も、自分の気持ちを率直に子どもに伝えるように

親もそうです。「『甘やかしてはいけない』と思って厳しくしていたので、表面だけ合わせていたのかもしれません」「親として、本当にかわいそうなこと

をしたと思っています」と振り返っておられます。それは本当に大切なことです。しかしその気持ちを、率直に息子さんに伝えているでしょうか。おそらく伝えていないと思います。

それどころか「これから、将来、どうするんだ」と、心と裏腹に、息子さんを責めるようなことを言っています。それでは反発を食らうのは当然です。

おそらく文面から、息子さんは、今、なかなか前に進めずに立ち止まっておられる状況なのだと思います。大きな壁にぶちあたっておられるのかもしれません。

それを乗り越えるためには、もう一度、親の支えが必要なのです。そのためには、過去のわだかまりを解いて、もう一度、親は自分のことを信じてくれている、理解してくれている、と思えることが必要なのです。**息子さんの反抗はそのことに気づいてほしいためのＳＯＳなのです。**

これほど心では息子さんのことを心配し、気にかけておられる親御さんです。今を乗り越えれば、きっと強い絆を結び直す日も、決して遠くないと、私は信じています。

子どもが壁を乗り越えるには、
過去のわだかまりを解いて、
「親は自分のことを信じてくれている」
と思えることが必要なのです

夫の母親との関係に悩んでいます

Q

夫の母親との関係に悩(なや)んでいます。

義母(ぎぼ)は、世話好きで、家が近いこともあり、手作りの料理をよく持ってきてくれます。

共働きなので、初めはありがたかったのですが、毎週のように持ってこられると、素直(すなお)に喜べない自分がいます。

当然かもしれませんが、夫は喜んでいます。

どのように受け止めていったらよろしいでしょうか。


（40代・女性）

世の中の男性は、妻の気持ちを、ちゃんと知るべきです

これはなかなか難しい問題です。しかし、こういうことに悩んでいる女性は、私は決して少なくないと思っています。

妻としては、確かに手作りの料理を持ってきてもらえるのは助かるし、ありがたい。義母に悪気はないし、息子夫婦が喜んでくれると思って持ってきているのだと思います。

しかし妻としては、夫が義母の手作り料理をおいしいおいしいと言って食べ

ているのを見ると、決して心は穏やかじゃない、というのもよく分かります。

妻の気持ちを、言葉にすると、こういう気持ちがあるのではないでしょうか。

「お母さんの料理をおいしいって言うけど、じゃあ私の料理はどうなの？　私の料理は、いつも何も言わずに黙々と食べてるけど。私の料理よりもお母さんの料理のほうが本当はおいしいんじゃないの。どうせ私の料理なんてまずいし、お母さんの料理のほうがいいんでしょ」

「じゃあ私と結婚したのだって、本当は必要ないことだったんじゃないの。毎週なんていわずに、毎日食べさせてもらったら？　どうせ私なんて必要ないんだから」

ちょっと飛躍しすぎと思われるかもしれませんが、突き詰めていうと、こんな気持ちが心のどこかにあるのではないでしょうか。考えれば考えるほど、どんどん、ダークな気持ちが出てきてしまうのです。

その一方で、義母がせっかく善意で持ってきてくれる食事に対して、素直に喜べない、ひがんでしまう、そんな自分自身のこともまた嫌になって、悶々とする、そういう気持ちもまた確かにあると思います。

私はこういう話を聞くと、この奥さんに対してアドバイスどうこう、というよりも、世の中の男性は、こういう女性の気持ちを、まずちゃんと知るべきだと強く思います。

「料理くらい」のことではないのです

ところが、多くの男の人は、こういう妻の気持ちに気づいていません。また気づいたとしても、こんな気持ちでいるのではないでしょうか。

「親がせっかく作ってきてくれたのに、何でそれが喜べないんだ。おまえも助かるって言ってたじゃないか。おいしいおいしいと食べれば、親も喜ぶし、親孝行にもなるじゃないか。ふだんはおまえの料理を食べてるんだし、週に一回くらいいいじゃないか。料理くらいで文句言うなよ……」

しかし、「料理くらい」のことではないのです。

たとえば、女性だったら、自分一人の時は、カップラーメンとか、お菓子で適当に食事を済ませるのに、彼氏が部屋に来ると、一生懸命腕によりをかけて食事を作る、そんな覚えはないでしょうか。

子どもが生まれると、子どものために、一生懸命ご飯を作ったり、お弁当を作ったりします。子どもが大きくなって、遠くに行ってしまうと、とたんに食事を作る気力もなくなる、そういうお母さんを私はたくさん知っています。

「料理」の「料」は「はかる」、「理」は「おさめる」。相手のことを思いはかりながら、皿の上に納めるのが、料理だといわれます。

まさに料理というのは、女性にとって（男性でもそうかもしれませんが）、自分の愛を相手に伝える行為なのです。

だからこそ、**その料理を受け取る、受け取らない、ということは、そのまま、相手の愛を受け取る、受け取らない、ということに直結するのだと思います。**

妻の作ってくれた料理に、「いつもおいしいね」「ありがとう」を

そういうことが分かれば、やはりいくら親子だからといっても、結婚してからの、親からの料理の差し入れに関して、妻への配慮があって当然だと思いますし、間違っても、「おまえの料理よりも、お母さんの料理のほうがおいしい」などと言ってはならないと思います。

母親の作ってきたものを無下に断るわけにはいかないかもしれませんが、そうであればなおさら、妻の作ってくれた料理に、「いつもおいしいね」「ありがとう」という感謝の言葉を伝えるべきではないかと思います。

多くの男性にとって料理とは、子どもの時は、母が作ってくれて当たり前、

結婚したら、妻が作ってくれて当たり前、と思いがちですが、そこには、女性の深い愛が込められていることを、私たちは、きっと忘れてはならないのだと思います。

もっと、妻に、
「ありがとう」という
感謝の言葉を

3

家にいる時間が多くなった夫の干渉が気になります

Q

この春、夫が長年の仕事を退職し、家にいる時間が多くなってから、私のやることにいろいろと口を出してくるようになりました。

食事の用意や日常のことはまだ我慢ができるのですが、私が唯一の楽しみとして、一人で静かにテレビドラマを見ている時にも、夫が「何見てるの？」と興味津々に聞いてくるのです。どうすれば夫の干渉が気にならなくなるでしょうか。

（62歳・女性）

長年、家族のために、一生懸命働いた夫と仲良く暮らすには……

これは、夫が定年退職した夫婦が抱える、全国共通の悩みではないかと思います。

私は、まず、この悩みを通じて、奥さんがどうこうというよりも、世の中の男性が、学ぶべきことがたくさんあるような気がします。

昔、平均寿命がもっと短かった時代には、男の人は、定年になってしばらくすると亡くなっていましたので、定年後の夫婦の暮らし方などはあまり問題になりませんでした。しかし今は、男女ともに、平均寿命は世界最高クラスとなり、定年後、どのように暮らしていくのかが、極めて重要な問題となっています。

しかし多くの（昭和生まれの）男性は、働いている時は、仕事に没頭していて、定年後の暮らしのことは、全くとは言いませんが、あまり考えていません。考えていることといったら、例えば、定年になったら時間ができるから、今まで苦労させた分、妻を海外旅行に連れていってやろう、というようなことではないでしょうか。

しかし妻の本音を言えば、「旅行に行っても大した会話もないし、どうせ夫の身の回りの世話をするのは私の役目、そんなことなら、友人と女同士で旅行に行ったほうが、よっぽど楽しい」というような恐ろしい（！）心が隠されていたりするのです。

なぜ、定年後の夫婦に、心の溝が生じるのか

ここには、一人の人間としての、自立、という問題が横たわっています。「人は一人では生きていけない」とよくいわれます。年頃になると、パートナーを見つけて、お互いに相手を必要とし、結婚します。しかし結婚すると間もなく、男性は働き盛りで遅くまで働き、帰宅も遅くなります。妻が「仕事と私とどっちが大切なの！」と怒るのはこの時期です。まだ夫は必要とされているのです。

そのうち子どもができると、多くの女性は子育てにかかりきりになり、ますます夫婦の会話は少なくなります。そして、子育てのストレスがたまると、「私一人の子どもじゃないのよ！」と夫は不満をぶつけられます。これもまだ、父親として必要とされている時期です。

ところがある時から、妻は夫に不満をぶつけなくなります。夫が夜遅く帰っても、以前は文句たらたら言われたのに、何も言われなくなります。夫からすると、「文句を言われなくて、楽になったな、ラッキー」と思うかもしれませんが、**そこに大きな落とし穴があるのです。**

これは、妻が、夫なしでも、自分の生活を確立したサインです。夫がいなくても、自分で自分の日常を充実させられる、一人の人間として、「自立」したのです。

もちろん、経済的には夫に依存する部分はあるかもしれませんが、精神的にはもう依存していません。

確かに子どもを支えにしている母親は少なくありません。ですから、子どもが大学に入り、県外に行ったりすると、「空の巣症候群」といって、母親がうつになったりします。しかしそれもしばらくすると乗り越えて、ママ友とのつきあいや、ヨガやフラダンスなどの習い事で、日々を充実させるようになります。昔、追っかけたアイドルに再び熱中して、高額なコンサートのチケットを買ったり、海外ドラマにハマったりする人もいます。夫がいなくても、十分精神的には満足した生活を送れるのです。

男性の、どんな行動が、夫婦の危機をもたらすのか

ところがそういう時に、夫が突然、定年となり、家にいるようになります。実は、ここまで男の人は、仕事をバリバリやっていたようで、実は仕事に精神的に依存していたのです。仕事によって自分の存在価値を確認し、仕事で必要とされることで心の安定を得ていました。しかしその仕事を失った時、男の人は大きな喪失感にとらわれます。

女性は、ここまで、夫が不在の喪失感、子どもが巣立った喪失感を乗り越え、

ある意味鍛えられているので、強いです。しかし男性は、ずっと仕事に依存して生きてきているので、そのような喪失感に慣れていません。そこでどこに依存するかというと、妻なのです。

しかし妻は、すでに夫のいない生活に慣れ、精神的に自立しているので、夫が依存してくるのが、うっとうしくてしかたありません。

ここに、定年後の夫婦の大きな心の溝、危機が生じることになるのです。

質問者の夫が、妻のやることにいろいろ口を出してくる、というのも、その本音は、妻にかまってほしいのです。妻の見ているテレビに興味津々なのも、妻の楽しんでいることに、自分も仲間に入れてほしいのです。しかし妻は、すでに自分の世界を確立していますから、口出しされるのも嫌だし、自分の趣味に干渉されるのも嫌なのです。

妻が出かけようとすると、夫が「どこに行くの？」「誰と会うの？」「いつ帰ってくるの？」としつこく聞きたくなるのも、独りぼっちになりたくない、という気持ちが根底にあります。しかし妻にとっては、まるで尋問されているようで、これほど苦痛なことはありません。

　ですから、これからの男性は（もちろん男性だけではありませんが）、仕事以外にも、依存先をいくつか作っておくことが大切です。ボランティアや、地域の活動、趣味のサークル。そうすると、たとえ仕事を失っても、妻ばかりに依存しなくてもよくなります。

　またそのように定年後にも、生き生きと地域のために貢献している夫を見ると、妻も改めて尊敬することができるでしょう。

　今からでも遅くありません。定年といってもまだまだ体は元気です。さまざまな人生の知恵を身につけ、時間の余裕のある方を、求めているところはたくさんあります。少し勇気を出して、そういうところにぜひ顔を出してみましょう。きっと歓迎してくれると思います。

新たなルールを、二人の間に設ける

さて、最後に、この質問者の悩みにお答えしましょう。

確かに、好きなテレビを見ている最中に、話しかけられるのはイライラするかもしれません。その一方で、この奥さんは、夫がさみしい思いをしているのも、十分分かって、気遣っておられるのだと思います。言いたいことも言わずに我慢しておられる、本当は優しい奥さんなのだと思います。しかし、ここははっきり伝えたほうがお互いのためです。これからまだまだ二人で生きていかなければならないとするなら、二人の間のルールを新たに設定しなおさなければならないのです。

「私がドラマを見ている時は、集中しているので、申し訳ないけど、話しかけないでほしい。ドラマの筋書きを知りたかったら、録画しておくから、私のいない時に見ておいてほしい」とはっきりと伝えるのです。

そしてできればそれだけでなく、夫にも役割を与える。「庭の草が伸びてるから、草刈り機で刈っておいてくれる？」「エアコンのフィルター、しばらく掃除してないから、掃除してくれる？」など頼んで、やってくれたら、大げさに喜ぶ。そうすると、夫も新たな役割を見いだせるし、妻は喜ぶし、一石二鳥です。

長年、家族のために、一生懸命働いてくれた夫です。頑張って働いてきたのも、家族を愛すればこそです。少し不器用なところはあるかもしれないけれど、少し方向づけをしてあげれば、きっと二人でまだまだ仲良く暮らすことができると思います。

これからのお二人の末永い幸せを念じています。

4

定年後の夫婦生活を、うまくやっていくには？

Q

家族のために、一生懸命に働き、定年を迎えました。決まった仕事もないので、家で、ゆっくりしていると、妻が「今日は、どこへも行かないのですか」と、よく聞いてきます。なんか、空気が変なのです。「俺が家にいると、じゃまなのかな？」とさえ思ってしまいます。

定年後の夫婦生活をうまくやっていくには、どのようなことに気をつければいいのでしょうか。

（65歳・男性）

妻「今日は、どこへも行かないの？」
夫「自分が家にいるとじゃまなのかな？」
こんなことを感じ始めたら、要注意！

令和三年の平均寿命は、男性が八一・四七歳、女性が八七・五七歳となりました。

六十歳で定年を迎えたとして、そのあと男性なら二十一年、女性なら二十七年、平均寿命からすると生き永らえるということで、夫婦生活もそれだけ続いていく、ということになります。

昔の価値観なら、夫婦の役割は、子どもを生み育て、子孫を残していくこと、そして、いちばん下の子が大人になった頃には、親は寿命を迎え、静かにこの世を去っていく。それがお決まりのパターンだったと思いますが、現代は、その後に、まだまだ夫婦生活が続いていく状況になりました。これは人類がいまだ経験したことのないシチュエーションです。

だからこそ、この方の質問のように、「定年後の夫婦生活をうまくやっていくにはどうしたらよいか」という、極めて切実な悩みや苦しみが、都会、地方を問わず、あらゆる場所で生じているのです。

夫の気持ち「今まで頑張って家族のために働いてきたのだから……」

夫としては、今まで定年まで家族のために頑張って働いてきたのだから、余生は家でゆっくりしたい、と思っています。ところが家にいると、妻から「今日は、どこにも出掛けないの？」と聞かれる。仕事も退職したし、出掛ける用事もないので、基本的には毎日家にいる生活なのですが、妻からは毎日、「どこにも行かないの？」と聞かれる。繰り返し聞かれるうちに、「うちにいちゃだめなのか？」「自分が家にいるとじゃまなのか？」とさえ思えてくる。これは、夫が定年後によくある典型的なパターンの一つでしょう。

夫の気持ちとしては、「今まで頑張って家族のために働いてきたんだから、これからはちょっと家でゆっくりさせてくれよ」という気持ちです。ご質問の文面からも、そういうお気持ちが見て取れます。

しかしちょっと考えてみてください。妻はどうでしょうか？

妻だって頑張って家族のために働いてきたのではないでしょうか。共働きの家だけでなく、たとえ専業主婦だとしても、家族のためにやるべき仕事はたくさんあります。家族のために一日三食ご飯を作り、掃除をし、洗濯をし、乾かしてたたむ。ゴミを分別して捨てる。買い物にしても、日々の食材だけでなく、トイレットペーパー、ティッシュペーパー、洗剤、清掃用品、消臭剤、調味料、ゴミ袋、お菓子や飲み物、などなど……。それらが切れることなく、家に常時あるのは、たいてい妻がきちんと管理して買い足しているからです。

では、そういう家事仕事に、退職、ということはあるでしょうか？

「ああ、今日まで家族のために頑張って家事をしてきたけど、今日をもって定年退職。今日からはもう家事はやらなくていいのね！」ということはあるでしょうか。ありません。そうです、主婦業に定年はないのです。

奥さんも、質問者の方と同じくらいの年齢だと思いますが、家でゆっくりされているでしょうか。

おそらく違うと思います。手早く家事をこなしたあと、買い物に出掛け、習い事に通い、仲のよい奥さんと待ち合わせてランチをし、夕飯には間に合うように帰ってくる、結構慌ただしく毎日を過ごしておられるのではないでしょうか。

夫の気持ち

現役中――
どんなに疲れていても
家族のために
二十四時間
戦います!!
定年だ～
これからは
ゆっくりするぞ～
今日はどこにも
出掛けないの?
ん?
また一日中
家にいるの?
ブーン
自分が
家にいると
じゃまなの
か?

妻の気持ち

どんなに疲れていても
家族のために
二十四時間
無報酬で
働きます!!
……
定年だー
これからは
ゆっくり
するぞ〜
ごちそう
さまー
よっ
パチン
……
……
家事仕事には
定年退職ということが
ありません

夫が家でぼうっとしていると、妻は、どんなことを感じるでしょうか

そういう奥さんからすると、夫が、家でぼうっとしている（失礼、ぼうっとしているように見えて、いろいろと思いを巡らしておられるのかもしれませんが……）、少なくとも、ぼうっとしているように見えると、もったいないというか、もう少し有意義に時間を使ったらどうか、と感じて、ついつい一言言ってしまうのではないでしょうか。奥さんも、夫が一日家にいる生活に、戸惑っておられるのかもしれません。

「そんなことといっても、仕事も退職してしまったし、趣味もないし、何をすればいいか分からないよ。ボランティアっていっても、どこへ行けばいいか分からないし……」と言われるかもしれません。しかしやることがない、なんてこ

とは決してありません。誰よりも、あなたの手を必要としている人がいます。そうです、奥さんです。

先ほども述べたように、家のことでやるべきことはたくさんあります。いきなり料理、というのはハードルが高ければ、食器洗いだけは、というのもありです。

洗濯物を干したり、取り込んでたたんだりするのも、年がいくと意外と骨が折れるものです。それを肩代わりするだけでも、妻は本当に助かると思います。

妻が「今日はどこへも行かないの？」と聞くのは、その心の奥には、例えば「どこへも行かないなら、せめて洗濯物、取り込んでおいてくれない？」と言いたい気持ちが隠れているのではないでしょうか。しかし夫も定年退職して、ゆっくりしたいだろうし、そんなにあれしろこれしろ言われたら嫌だろうな、と思って、あえて言わないのではないでしょうか。

そんな時に、「じゃあ、洗濯物は僕が取り込んでおくよ」と自分から言って、しかも取り込んでおくばかりか、きちんとたたんでしかるべき場所に収納していたら（ちなみに、衣類はそれぞれ収納場所が決まっているので、奥さんが満足する収納を実行するには、半年くらいの練習期間が必要です）、妻の愛情は数倍増しになるに違いありません。

男性の皆さん！
これが、家庭内別居、熟年離婚を避ける重要なポイントです

定年後の夫婦生活をうまくやっていく、いちばんの重要ポイントは、**夫の労力の向ける先を、「会社のため」「仕事のため」「お金を稼ぐため」から、「妻の仕事を肩代わりすること」にシフトチェンジすることです。**

これがうまくできた夫婦は、その後の二十年を円満に過ごすことができます

し、これができなかった夫婦が、最悪、家庭内別居、熟年離婚に進んでいくのです。

家の中には、ふだん妻が手の回らない仕事もたくさんあります。排水口の掃除、照明器具のかさの上のほこり掃除、庭木の剪定、粗大ゴミの処理、洗面台の鏡磨き……。そういうことを、男性特有のこだわりで、きれいに仕上げれば、「こんなことでこれほど喜んでもらえるのか」と思うことがきっとあると思います。たとえ夫のこだわりでやったことでも、妻は、そこに家族への愛情を感じるのです。

幸せな夫婦関係を続けるために

しかし、「今日は、どこへも行かないの?」と妻が言うのは、必ずしも、家事をやってくれ、ということではないかもしれません。

むしろ、家でじっとしていると、早く認知症になるんじゃないかなどと、夫の健康を心配して、言っているのかもしれません。

認知症の予防のために大切なことは、運動、そして他者との交流といわれます。そういう意味では、家で一日中テレビを見ているような生活は、決して認知症の予防にはよくない生活といえるでしょう。

妻の気持ちとしては、たとえ家のことを手伝ってくれなくても、夫が夫らしく、生きがいを持って、生き生きと生活してくれればそれでいい。夫が何かに一生懸命取り組んでいる、そして健康で、笑顔でいてくれる、それだけでいい、と思っているのかもしれません。

それは夫に対する愛情以外の何ものでもないと思います。

これだけ長年連れ添い、苦楽をともにしてこられたご夫婦です。これからもぜひお二人で支え合って、幸せな夫婦関係を続けていっていただきたいと思います。

夫が生き生きと生活してくれればそれでいい

5

孫が、母親に叱られすぎています

Q

私の娘は、二年前に離婚して、実家に帰ってきました。二人の子ども（上が小学生の女の子、下が幼稚園の男の子）がいるのですが、特に上の孫を叱ってばかりいるので心配です。

時々、叱りすぎではないかと注意しているのですが、いっこうに治まりません。

最近、世間でいわれる虐待に近いのではないかと思うこともあります。どう関わったらよいでしょうか。

（62歳・女性）

Ⓐ「そんなに叱らないで」と、母親に注意するのは、逆効果かもしれません

お孫さんのことを、とても親身になって心配しておられる、優しいおばあちゃんだなと思います。

子どもが悪いことをしていても全然叱らない、というのも心配ですが、逆に怒りすぎるのも心配です。特に最近は、駅のホームやスーパーで、ものすごい大声で子どもをどなりつけている親を時々見かけます。

「まだ子どもなんだから、そんなに怒ってもしかたがないよ。そこまで叱らなくても……」と、おばあちゃんが思う気持ちはよく分かります。

母親が叱りすぎているので、母親を注意する。おばあちゃんの関わり方は当然のように思います。

しかし、その行動は、もしかすると逆効果になっているかもしれません。

叱りすぎるのが、もし本当だとすると、叱りすぎる親御さんというのは、たいてい子どもへの要求水準が高いです。そういう親御さんは、実は、自分自身に対しても、高い要求水準を持っています。

自分は、人に頼らずにちゃんとやってきた。人一倍努力して、クリアしてきた。なのにどうしてこの子はできないのか、と思って腹が立つのです。

心のどこかでは、子どもができないのは、自分の育て方が悪いからじゃないか、と思っているかもしれません。こんなことさえもちゃんとできない子どもは、何より自分の育て方のまずさを世間に宣伝して回っているような気がして、よけいイライラしているのかもしれません。

そんな時に、「もっと、子どもに優しく」「そんなに叱らないで」とおばあさんに言われたとしても、とても素直には聞けないと思います。むしろ自分の子育てをよけいに否定されたようで、一層腹が立つのではないでしょうか。そしてその怒りはどこへ向くかというと、親に恥をかかせた子どもです。

結果、さらに叱る、という悪循環になってしまいます。

その背景には、自分はこんなに頑張っているのに、誰も自分のことを褒めてくれない、なのにどうして、この子だけこんな状態で許されるのか、ちょっとやっただけで、褒めてもらえるのか、おかしいじゃないか、という気持ちもあるかもしれません。

私は児童相談所の虐待相談で、そういう親御さんの話をよく聞いてきました。親が子どもをどなってばかりいるので、周りのみんなは心配しています。しかし実は、そういう親御さん自身も、自分の気持ちをコントロールできなくて、苦しんでいるのです。かわいいわが子にこんなことを言ってはいけない、と頭では思いながら、どうしても自分の気持ちにブレーキをかけることができなくて、後でまた自分を責めているのです。

孫をかばうのではなく、まず、母親を認め、褒めていく

では、こういう時に周囲の人はどう関わればいいでしょうか。

まず大切なことは、母親の叱り方には、まずいったん目をつぶる、ということです。子どもはつらい思いをしているけれど、子どもだけを守ろうとしても、

それでは子どもも親も幸せにはなれません（もちろん命に関わるような虐待の場合は、すぐに児童相談所で子どもを保護しなければならないこともありますが、ここではそこまで至っていないケースです）。

そして、何をするかというと、孫をかばうのではなく、**まず母親の頑張っているところを認め、その子育てを褒めていく**、ということです。どんな親でも、子どものために頑張っていない親はいません。子どものことを怒りながらでも、ご飯を作ったり、洗濯したりはしていると思います。**そこをしっかり認めていくのです。**

「そんなに叱ってばっかりだと、子どもがかわいそうじゃないの」と言うのではなく、「今どき、子どもが悪いことをしても叱らない親が増えているというけど、あなたはいつも真剣に子どもと向き合ってるよね。頑張ってると思うわ」と褒めるのです。

シングルで子どもを育てるのは、いくら実家の支援があったとしても大変なことです。「仕事から帰ったら、また子どもの相手で、気の休まる時がないよね。ちょっとは一息ついて休んだら？」と伝えていくのです。

祖父母と親との関係も よくなっていきます

褒められれば、どんな人でも悪い気はしませんから、お母さんも、少しほっとして、心に余裕ができるでしょう。そうすると、「私も、ちょっと叱りすぎかな、と思うこともあるんだけど……」という言葉が出てくるかもしれません。その時に、「そうだね、まだこの年齢だと、言っても分からないかもしれないね」と伝えると、すっと受け入れてくれるかもしれません。

そこでまた、「それでも、言うことを聞かないとストレスたまるよね。そんな中、本当によくやっていると思うわ」などとフォローしていくのです。

子どもを叱りすぎている親は、たいてい親自身が叱られ続けてきた人です。周囲から否定されてきた人です。そんな中で、誰にも頼れずに頑張ってきたのです。そういう人が、子どもを褒められるようになるには、まず親自身が、じゅうぶん周囲から褒めてもらい、認めてもらう、支えてもらう必要があるのです。

それによって、祖父母と親との関係が変わっていくと、親子の関係も少しずつ変わってくる、そんなケースを私はたくさん見てきました。

おばあさんもお体大変でしょうが、どうかそのような気持ちで見守っていただけたらと思います。

× 「子どもがかわいそう」と言うと、さらに悪循環に

○「頑張ってるね」と、母親を認めるところから

6

二人の孫の世話に追われています。自分の体がつらく、いつまで続けられるか心配です

Q

昨年、二人めの孫が生まれました。娘夫婦は、幸い近くに住んでおり、かわいい孫に毎日のように会えるのはうれしいのですが、娘が仕事に出てから、孫の世話をほとんど私に任せきりのような状態になっています。

昼間は保育園に預けているのですが、保育園のお迎えから、晩ご飯が終わる頃まで、ほぼ私が一人で、二人の孫の面倒を見ています。

最近、私も腰痛が悪化し、体もけっこうつらいものがあるのですが、娘も仕事が忙しく、「もうちょっと早く帰ってきて」ともなかなか言えませ

ん。娘の夫はさらに帰りが遅いようです。これから先、自分の体のことも考えると不安が募ります。どのようにすればよいでしょうか。（60代・女性）

Ⓐ 孫の世話をしている祖父母を、みんなでねぎらい、感謝していくことが大切

最近は、夫婦共働きが増え、その分、おじいちゃん、おばあちゃんが孫育てに駆り出されることが増えてきています。統計によれば、孫の世話を頼まれた経験のある人は、祖父が五九・八パーセント、祖母が七三・〇パーセント、同居

や家が近くの祖父母では、八割以上にのぼり（第一生命経済研究所調べ）、今や子育てにおいて、祖父母の協力は、なくてはならないものといってもいいでしょう。そんなご時世を反映してか、自治体などでも、「孫育て手帖」などのハンドブックを作り、祖父母の子育てを支援している所も少なくありません。

そういうパンフレットには、たいてい「昔の子育てと今の子育てはここが違う」「親の子育てをねぎらうことが大切」などと書いてあります。

もちろん今どきの子育てを知ることは大切ですし、親をねぎらうことも大切です。ただ私はそこに、いちばん大切なことが、往々にして欠けていることが気になっていました。それは、**頑張って孫の世話をしてくれている、祖父母へのねぎらい、感謝の言葉です。**

今の祖父母はまだまだ若い、元気だといっても、二十代、三十代の体力ではありません。数時間、元気な孫の世話をしているだけで、くたくたになってしまいます。腰痛や肩こり、めまいや動悸と闘いながら、常用している薬も五つや六つではないと思います。

すでに自身の子育てや務めもりっぱに果たし、本来なら悠々自適で暮らしてもいい年代です。それでも、孫や娘・息子のためと思って、今も体に鞭打って、頑張ってくれているのです。

その祖父母に対して、まず地域みんなが、「ありがとう」「孫が元気に育っているのも、じいちゃん、ばあちゃんのおかげだよ」と伝えていくことが必要ではないかと思うのです。

質問者の方も、二人の孫の面倒を、

お迎えに始まって、本当によく見ておられると思います。晩ご飯が終わるまでですから、ご飯を作って、食べさせて。下の子は、まだ一歳前後でしょうから、本当に大変だと思います。孫だけでなく、頑張って仕事をしている娘を応援してやりたい、という気持ちもおありなのでしょう。本当に頭が下がります。

それなのに、自分の体が思うようにいかなくて、自分を責める気持ちもあるのではないでしょうか。よほど悩んでのご相談ではないかと思います。

娘に、率直に話してみましょう。しかし、関係がこじれない「伝え方」が大事です

そこでどうするかですが、やはりこれは、お母さんだけで悩むのではなく、娘（つまり孫の母親）に、率直に話をしてみてはどうでしょうか。

ただそれは、「孫の世話をするのは負担だ」とか「もっと感謝したらどうか」

などと、単刀直入に言ってしまうと、関係がこじれてしまいかねません。親子げんかに発展し、「じゃあもうお母さんには頼まない！」となってしまうと、お互いに傷ついてしまいます。

ですから、ここは伝え方が大切です。

「孫はかわいいし、おまえの仕事も応援してやりたい。面倒を見たい気持ちは、やまやまなんだけれど、これこれの事情があって、どうしても難しい場合がある」

と伝えていくのです。

その理由として、いちばん説得力があるのが、体の不調です。たとえば、腰痛がおありということであれば、

「腰痛が悪化して、医者からしばらく安静が必要だと言われた」

「お迎えまではやるけれど、せめて晩ご飯前には帰ってきてくれないか」

と話をしてみるのです。

そんなことを言うと、娘が困るんじゃないかと思われると思いますが、娘は本来、子育ての当事者です。大変だと思いますが、子育てと仕事の両立で悩むことは、親として自然のことです。

そういうことになれば、娘は、また夫と話し合ったり、職場にかけあったりして、何とかするでしょう。そういう悩みが、また娘を親として成長させるのです。

そのうえで、

「でもどうしても助けが必要な時は言ってね。いつも応援しているから」と伝えれば、娘さんも納得するのではないでしょうか。

祖父の出番です！
「やっぱりこの子は、おじいちゃんが大好きなんだね」と伝えていく

あと、質問には書かれていませんが、もしあなたの旦那さんがお元気なのであれば、夫（孫からいうと祖父）を巻き込むのも一つの手です。

昔の子育てをしていた時からの習慣で、子どもの世話をするのは自分、と思っておられるのかもしれませんが、最近のおじいさんも、結構、孫の面倒を見ている人が増えています。そのため、「ソフリエ」（祖父とソムリエをかけている）とか、「イクジイ」といわれて、祖父向けの孫育て講座まで開かれるよう

になっています。

孫との触れ合いは、祖父にとっても喜びですし、認知症予防（といっては失礼かもしれませんが！）にもなります。少しおじいちゃんにも任せて、

「やっぱりこの子は、おじいちゃんが大好きなんだね！」

と伝えていくと、おじいちゃんも悪い気はしないですから、世話してくれるようになるかもしれません。

子どもたちは、おじいちゃん、おばあちゃんのことが大好きです。両

親は忙しくて、怒ってばっかりでも、祖父母は、いい意味で責任がない分、優しくて、ほっとできるのかもしれません。

ぜひ、無理せず、できる範囲で子育てを手助けしてもらえればと思います。

そうすれば、親も安心して、子どもものびのびと育つに違いありません。

「孫が元気に育っているのも、
じいちゃん、ばあちゃんの
おかげだよ」

7

孫がゲームばかりで、ロクに返事もしません

Q

あんなにかわいかった孫たちも小学生に成長すると、わが家に来てもゲーム機からいっときも目を離(はな)さず、こちらから話しかけてもゲームに夢中で、ロクに返事もしません。対話にもなりません。何だか寂(さび)しい思いです。

孫たちに、どのように接していけばいいでしょうか。

(81歳・男性)

ゲームをするのは、よいことなのか、悪いことなのか

「子どもがゲームにハマって困る」という悩みは、このおじいさんだけでなく、すべての親の悩みではないでしょうか。それほど電子ゲームは、私たちの世界に深く根を下ろし、人によっては生活時間の多くを占めるものになっていると思います。

そこで今回は、ご質問にお答えする前に、そもそも子どもがゲームをするのはよいことなのか悪いことなのか、という点について考えてみたいと思います。

多くの大人にとって、子どものゲームは「困ったもの」「やめさせたいもの」

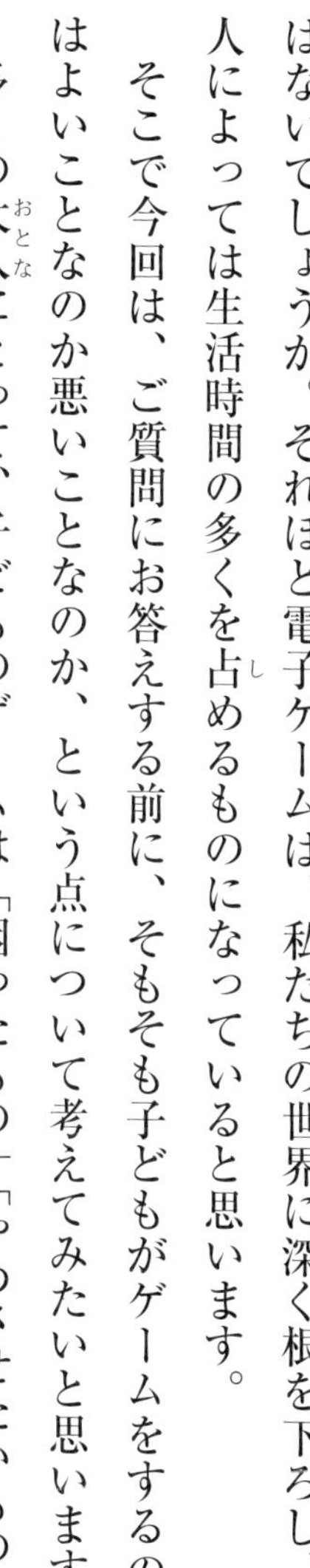

になっていると思います。しかしもともと子どもがハマるものには、大人は眉をひそめると相場が決まっています。

昭和の方なら「8時だョ！全員集合」というザ・ドリフターズのテレビ番組をご存じだと思いますが、これは長らく、親が子どもに見せたくない番組の第一位でした。しかしその立役者の一人、志村けんさんが亡くなった時には、まるで国民的ヒーローが亡くなったような扱いでした。近年では、大人が子どもに見せたくない番組の第一位は、「クレヨンしんちゃん」ですが、今も変わらず、子どもたちには圧倒的人気を誇っています。

「ゲーム障害」とは、どんな病気なのか

心配の中で最も大きいものは、ゲームが子どもの健康を害したり、精神の発

達に悪影響を及ぼしたりするのではないか、ということだと思います。例えば一時、『ゲーム脳の恐怖』（森昭雄著）という本が話題になりました（ただ現在は、この本は科学的な根拠が十分でない疑似科学だと批判を浴びています）。

二〇一八年には、WHO（世界保健機関）が作成したICD-11（国際疾病分類第11回改訂版）に、「ゲーム障害」が初めて掲載され、ゲームに依存する状態が、一つの「病気」と考えられることになりました。

しかしこの「ゲーム障害」というのはどういう状態を指すかというと、

1. ゲームを自分の力でやめることができない。
2. 日常生活のあらゆる活動より、ゲームを優先している。
3. ゲームのために、社会生活上で深刻な問題を引き起こしている（ゲームのために仕事に行けないなど）。
4. そういう状態が十二カ月以上続いている。

そのような状態の時、「ゲーム障害」と診断しましょう、ということになっています。

そこからすると、少なくとも昼間、学校へ行き、ご飯も普通に食べ、夜もある程度睡眠を取れている状態なら、「ゲーム障害」という病気とはいえない、ということになります。

不登校の場合は、注意が必要です

「では、不登校の子どもはどうなのか。学校も行かずに一日中ゲームばかりしているのでは」と言われそうですが、不登校の場合は、注意が必要です。というのは、「ゲームがやめられないために学校に行けない」というのと「学校にどうしても行けないために、気分転換のためにゲームをやっている」というのは、意味が違うからです。前者ならば、確かにゲーム障害といえるでしょうが、後者なら、ゲーム障害とはいいません。ゲームにハマるのは、学校に行けない

冒険ランク
20
20871
経験値
ゲームでできた友達と
一緒に冒険に出よう！
ゲーム仲間募集!!
やりましょう
5時からできます(^^)
入れてください

「原因」ではなく「結果」だからです。

そして私の経験からいえば、不登校の子がゲームにハマるのは、九割九分、後者のケースです。つまり、学校でのいじめや、傷つき体験があって、あるいは集団生活にどうしてもなじめない特性があって、学校に行けなくなる、しかしそういう自分を子どもは責めている。何もしないでいるとどんどんネガティブなことばかり考えて死にたくなるから、ゲームに自分の居場所を求める、ということなのです。

実際、不登校経験者に聞くと、「ゲー

ムの世界だけが救いだった」「ゲームの世界だけが自分を認めてくれた」「ゲームがあったから生きてこられた」という人が少なくありません。**現実世界で傷ついた人が、その傷を癒やし、回復していくために、ゲームの世界は大切な役割を果たすこともあるのです。**

そしてそれは、不登校の子どもだけではなく、一見普通に学校に通っている子どもにとっても同じです。ゲームの世界が、人とつながる場所であったり、癒やしを得る場所であったりする可能性も確かにあるのです。

子どもと話し合って　ルールを決める

ただその一方、好きなだけやらせていると本当に際限がなくなって、夜も寝ないでゲーム三昧ということになりかねません。ですから、ある程度のルールは必要だと思います。

ただそのルールを設定する場合、多くの家では時間で決めていると思いますが、厳密に時間で区切ろうとするとうまくいかない場合があります。ゲームを進めていく時には、ステージというものがあって、途中でゲームを中断すると最初からやり直しになるものもあります。時間だからといってそれを無理やりやめさせようとすると激しい親子バトルになることもあるのです。

子どもだって、寝ないでゲームをやっていいとは思っていないでしょうから、どういうルールだと守りやすいか、話し合ってみるのも一つの方法だと思います。子どもも参加して決めたルールなら、まだ子どもも納得しやすいのではないでしょうか。

少なくとも、睡眠時間だけは確保できるように、「何時には寝ること」というのが、最低限、健康を守るために必要なルールだと思います。

大人の関わり方が問われている

　ここでさらに考えてみたいのは、なぜそれほど子どもはゲームに熱中するのか、ということです。ゲームの中では、「ナイス！」とか「いいね！」とか、子どもたちはたくさん褒(ほ)めてもらえます。達成感を味わうことができます。しかし現実世界で子どもたちは、それほどたくさん褒(ほ)めてもらったり、達成感を味わうことができているでしょうか。

逆にことあるごとに叱られたり、ダメ出しされたり、認めてもらうことがほとんどないとしたら、そういう現実世界に背を向けて、ゲームにハマるのは無理もないと思います。

子どものゲームを云々する前に、問われているのは私たち大人の関わりではないかとも思うのです。

子どもや孫の「心の居場所」に

さてお尋ねの件ですが、以上のことから、子どもがゲームにハマるにはそれなりの理由があることが分かっていただけたかと思います。少しはおおらかに見守っていただける気持ちになったのではないでしょうか。

そして、おじいさんのところに来て、ゲームばかりしているとのことですが、

おじいさんのところで安心感、解放感を得ています

逆におじいさんのところだからこそ、ゲームばかりしているのではないでしょうか。学校ではゲームは禁止されていますし、家でやっていても親からすぐ怒られます。唯一心置きなくゲームができる場所がおじいさんのところだとすれば、むしろそれはおじいさんの家で、他では得られない安心感、解放感を得ているということではないでしょうか。

それならば、私はある程度、ゲームを自由にさせていてもよいのではないかと思います。もちろんおじい

さんの家でも、ご飯の時間、寝る時間など生活するうえでの決まった時刻はあると思いますし、それは守ってもらわなければなりません。しかしそれ以外は子どもに任せてもよいのではないでしょうか。

子どもは年々成長し、親元を離れていきます。中学生になったら、部活が忙しくなって、おじいさんのところに来ることも難しくなるかもしれません。少し寂しいことですが、それは子どもがすくすくと成長している証なのです。

しかし子どもの心の中には、おおらかに見守ってくれたおじいさんの姿が、心の居場所となっていつまでも残っていると思います。学校や社会で傷ついた時、心を癒やしたい時にまた帰る場所でもあると思います。

こんなにおじいさんに愛されている孫たちは、きっと幸せ者です。どうか孫たちのためにも、長生きしていただきたいと思います。

8

「人と関わると、とても疲れる」「できれば在宅勤務がいい」と言う三十代の娘が心配です

Q

同居の三十代の娘は、新型コロナウイルス拡大の影響でしばらく在宅勤務でしたが、最近、出社する機会が増えてきました。もともと人間関係が苦手な娘は、「人と関わると、とても疲れる」と言い、「できれば在宅勤務がいい」と言います。こんなことでは、結婚もできず、ひきこもりになってしまうのではと心配になります。娘の気持ちに任せておいてよいでしょうか。

（65歳・女性）

コロナ禍により、私たちの生活は大きく変わりました

コロナ禍により、私たちの生活は、大きく変化することを余儀なくされました。感染を防ぐには、人が接触する機会を減らすしかないということで、仕事は在宅でリモートワーク、学校はオンライン授業、集会や飲み会も軒並み中止となりました。人と接する機会が少なくなることで、寂しい思いをした人も多くありましたが、その一方で、そのほうが楽だ、助かる、という人も少なくなかったと思います。

不登校の子どもたちの中にも、オンライン授業になったことで、逆に授業に参加できるようになった子どももありました。

「人間関係が苦手」と言う人の共通点

ご相談の娘さんも、もともと人間関係が苦手で、「人と関わると、とても疲れる」と言っておられるとのことですが、私のところにも、このような相談はよくあります。

そしてそういう人の話を何度も聞いていると、ある共通点が存在することが分かります。

①「中くらいに知っている人」が苦手

一つめは、「人間関係が苦手だ」と言っても、すべての人間関係を拒否しているわけでは必ずしもない、ということです。その証拠に、親や家族とはけっこう仲がよかったりします。家族の中に苦手な人（例えば父親など）がいることもありますが、母親やきょうだい、あるいは、いとことなら、普通に何でもしゃべれる、ということがあったりします。

また、逆に全く知らない人の中なら、それほど苦痛ではない、ということもあります。一人でショッピングセンターに買い物に出掛けて、好きな物を買ってきたりします。あるいは、学校に行きづらい不登校の子でも、コンビニのアルバイトは普通にできたりします。全く知らない人であれば、それほど苦痛なく接することができるのです。

ということは、「人間関係が苦手」と言っても、すべての人が苦手なのではなく、**家族よりは距離があり、全く知らない人でもない、「中くらいに知っている人」が苦手、ということなのです。**

そしてそういう人が集まっている場所が、学校であり、職場だといえるかもしれません。言葉を換えれば、すれ違った時に、挨拶を交わすかどうか、会釈

全く知らない人
家族
中くらいに知っている人が
苦手

を交わすかどうか、悩むくらいの人間関係の人、といってもいいと思います。人間関係の苦手な人は、たいていそのくらいの距離感の人がいちばん苦手です。そういう意味で、この娘さんが、「できれば在宅勤務がいい」と言っておられるのは、分かる気がするのです。

②人に気を遣う、優しい人

二つめは、このような人には、もともと、とても人に気を遣う、優しい人が多いです。

人が暗い表情をしていると、「何か心配事でもあるのかな」と気になります。イライラしている人を見ると、「自分が何か怒らせるようなことをしたのかな」と不安になります。大声でどなる人がいると、自分が怒られているような気になって、ビクビクしてしまいます。くしゃみをしている人があると、冷房がききすぎているのかな、と温度設定を確認したり、困っている人を見ると、声をかけたほうがいいのかどうか悩んだりします。

自分が相手から評価されているのか軽蔑されているのか、好かれているのか嫌われているのか、とても気になります（そして多くの場合、自分はきっと嫌われている、と実際以上にネガティブに考えていることが多いです）。

「人と関わるととても疲れる」とおっしゃっているということですが、傍若無人な人、周囲の人が何をしていようが全く気にならない

人なら、「人と関わって疲れる」ことはありません。人と関わって疲れるということは、それだけ人目を気にし、人のことを気遣っている、ということなのです。

ですから、娘さんも、きっと本当は、他人に気を遣う、優しい人なのだと思います。だからこそ、多くの人がいる職場では、気疲れしてしまうのだと思います。

娘さんの気持ちは、むしろ在宅勤務のほうが、不要なエネルギーを使わなくていいし、仕事がはかどる、ということではないかと思います。

生き方が多様化している現代

さて、この質問者の方は、このような娘だと、将来結婚もできないし、ひきこもりになってしまうのではないかと心配されています。

しかし、先ほどの一つめでも述べたように、このような方は、決して人間嫌い（にんげんぎら）ということではありません。中くらいに知っている人が苦手なだけであって、むしろ本当は人間関係を求めている、寂（さび）しがり屋（や）、という面もあります。ですから、現代なら、SNSや友達（ともだち）の紹介（しょうかい）で知り合って、そのうちに個人的に連絡（れんらく）を取るようになり、結婚（けっこん）に至る人も少なくありません。

娘（むすめ）さんも在宅勤務がいい、とおっしゃっているということですから、

パソコンやネットには精通しておられるのだと思います。ならば、そういう形での出会いの場は、意外とあるのでは、という気もします。もともと人に気を遣う、優しい人ですから、いったん親しくなれば、相手といい関係を築けるのではないかとも思います。

　またさらにいえば、今の若い人は、結婚が人生の目標だとは必ずしも考えていません。昔なら、いい人と結婚して子どもを生み、幸せな家庭を築くことが幸せだと多くの人は考えていましたが、今は生き方が多様化して、結婚しない生き方を選ぶ人も多くなってきています。

「それでは寂しいではないか」と思われるかもしれませんが、結婚しても、家庭内別居で、よけい寂しい思いをしている人もあります。子どもは一時生きがいにはなっても、あっという間に大きくなって、家を出ていきます。それどころか、ＤＶ（配偶者間暴力）や、虐待に悩む家族もあります。結婚して家庭を持つことが間違いなく幸せだとは言い切れない時代になっているのです。

また、「ひきこもり」になるのではないか、と心配されていますが、ひきこもりとは、厚生労働省の定義では、「さまざまな要因によって社会的な参加の場面が狭まり、就労や就学などの自宅以外での生活の場が長期にわたって失われている状態」とされています。

そういう意味では、この娘さんは、在宅であっても、仕事をされている時点で、ひきこもりではないですし、おそらく自分の趣味や好きなことも持っておられると思います。そのために、お金も必要だということで、人間関係が苦手であっても、仕事を続けておられるところは、普通の人と何ら変わりはないのではないかと思います。

私の経験では、ひきこもりになる人は、単に人間関係が苦手というだけでなく、人との関係で深く傷ついた（多くはいじめやパワハラなど）人が多いです。

そのために、人が怖くなり、さらにそういう目に遭ったのは、自分がダメな人間だからだと自分を責め、よけいに外に出られなくなる、という悪循環（あくじゅんかん）になっている人が多いです。

そうなると、先ほどのように、中くらいに知っている人だけでなく、世の中すべての人が自分のことを責めているように思ってしまいます。だから外に出られなくなるのです。単に人間関係が苦手だから、ひきこもりになるわけではないのです。

何が自分にとって幸せな人生なのか。一人一人が考えて選び取っていく

もしかすると、お母さんとしては、コロナ禍（か）で、しばらく在宅勤務が続いたことで、娘（むすめ）が楽を覚えた、怠（なま）け癖（ぐせ）がついた、と心のどこかで思っておられるのかもしれません。だから、「このままではいけないのではないか」と思ってお

られるのかもしれません。

しかし私はそうではなく、コロナ禍の中、娘さんは在宅勤務を経験することで、自分にとって働きやすい形を見つけた、自分の生きやすい生き方を見つけることができた、ということなのではないかと思います。そういう意味では、新型コロナという人類の災禍も、娘さんにとっては、自分らしい生き方を見つけるきっかけだったのではないかという気がします。

娘さんは、三十代ということで、もうすでにりっぱな大人ですし、一人の社会人です。

何が自分にとって幸せな人生なのか、一人一人が真剣に考え、選び取っていかなければなりませんし、すでに娘さんは自分の人生を歩み始めておられると思います。

もちろん娘さんが何か困り事があって相談してきた時には、親として精一杯相談に乗ってほしいと思いますし、「こういう方法もあるよ」という情報提供はかまわないと思いますが、それ以外は、娘さんを信じて見守ってほしいと思います。

そしてお母さんはお母さんで、自分の人生、これからどう充実させていくのか、それは、誰のせいでもない、自分の役割です。

親子ともに、これからの人生、幸せに満ちたものになることを心から念じています。

9 いつまでも結婚しない息子に、イライラしてしまう

Q

私の息子は、もう三十七歳になりますが、まだ独身です。仕事は行っていますが、女性とつきあっている様子もなく、休日は自宅でパソコンに向かってゲームばかりしています。

夫は二年前に亡くなり、私としては、早く息子が嫁をもらって、孫の顔でも見せてもらいたいと、一人で焦っているのですが、息子は急ぐ様子もなく、それでよけいにイライラしてしまいます。

先日とうとう、ちょっとした言い合いから、「あなたもいいかげんに結婚したらどうなの！　いつまでもブラブラして！」と言って

しまったところ、それ以来、息子は全く口をきかなくなってしまいました。食事もいらないといい、自分の部屋で、買って食べているようです。これから私はどうしたらいいでしょうか。

（58歳・女性）

結婚しない人が増え、価値観が多様化しています

最近は、晩婚化、非婚化といわれ、結婚しない人が増えているといわれます。令和四年に発表された内閣府の「少子化社会対策白書」では、結婚していない三十五歳～三十九歳の男性は、全体の三四・五％、約三人に一人が未婚であ

るという結果が出ています。

親御さんが結婚された時代（昭和五十年頃）は、それが一〇パーセント前後であったことを思うと、結婚しない人の急増ぶりが分かると思います。

昔は、大人になったら就職して、結婚し、子どもを生み、マイホームを建てる、という生き方が標準で、皆それに大した疑念を持たずに従っていたと思います。しかし今は、価値観も多様化して、結婚に対する考え方も変わり、必ずしも結婚が全て、と思わない人も増えています。

しかしその一方で、親の世代からすれば、やはり子どもは、大人になったら結婚して当たり前、願わくば、孫の顔も見せてもらいたい、と願うのが、まだまだ常識だと思います。その親子の世代の考え方のギャップが、時として、ご質問のような対立を生むことになるのだと思います。

さらにいえば、親の気持ちのどこかに、子どもが学校を出て、就職し、結婚して初めて子育てが終わる、という考えもあるのではないでしょうか。二年前に夫を亡くされたということで、よけいに子どもを結婚させるのが自分に残された仕事と、責任を感じておられるのかもしれません。

息子さんが自立されたのは、お母さんが今まで頑張って育ててこられたからですよ

しかし私は思うのです。息子さんは、もう三十七歳です。とうの昔に成人し、社会に出て仕事にも就き、すでに立派な大人として生きておられるのです。はっきり申し上げましょう。お母さんの子育ては、もう終わったのです。息子さんは、親御さんとは別の価値観を持ち、別の人生観を持って、すでに自分の人生を歩んでおられます。自分で収入も得て、自分で生きていくことも

できます。これからの息子さんの人生は、息子さん自身が考え、選び取っていくものです。

そしてそのように息子さんが自立されたのは、お母さんが今まで頑張って育ててこられたからなのです。

もちろん親として、相談されれば何らかのアドバイスはすることもあっていいと思います。しかし基本的には、息子の人生は息子の人生です。お母さんは、もう子育てを終わっていいのです。

息子さんが結婚するかどうか、それは息子さん自身が考えていくことです。今の時代、結婚することが必ず幸せとは限りません。毎年約六十万組のカップルが誕生する一方で、毎年約二十万組の夫婦が離婚しています。経済的な困難もありますし、家族関係の悩みも生じます。そんな中で、結婚しない生き方を選ぶことも、決してありえない選択肢ではないのです。

親は、自分の幸せは自分で責任を持つ。子どものせいにしない

　また息子さんも、本当は結婚したい気持ちもお持ちかもしれません。しかし過去にいじめなど人間関係でつらい思いをした経験などがあると、結婚という長期間の濃い人間関係に入ることに気後れすることもあります。自分の能力や経済力に不安があるのかもしれません。

　親御さんに言われずとも、息子さんは息子さんで悩んできたに違いないと思います。お母さんの苦しみを知っているからこそ、自分をなおさら責

めているかもしれません。そんな時に、「いつまでもブラブラして！」と頭ごなしに叱られれば、よけいに自分を責め、心を閉ざしてしまっても不思議はないと思うのです。

ですからここは、いったん息子に謝って、

「あなたの気持ちも知らずに、責めたりして悪かった。もう結婚のことは言わないから、あなたはあなたの人生を歩んだらいいよ。でももし困ったことがあったら、いつでも相談してね」

とだけ伝えてはどうでしょう。そして息子の生き方は息子に任せて、あなたはあなたの人生を歩むのです。

まだまだ五十八歳、子育ては終わり、これからはもう自分のために生きていいのです。今までできなかったこと、我慢していたこと、大いにやったらよいと思います。そうしてお母さんが生き生きすることが、息子さんにとっても、いちばんうれしいことではないでしょうか。

自分のために親が苦しんでいる、それほど子どもにとってつらいことはありません。そのためにも親は、自分の幸せは自分で責任を持つ。子どものせいにしない。そういう心構えが何より大事ではないかと思います。

これからのお母さんの幸せな人生を心から応援（おうえん）しています。

10

ひきこもりの弟に、どう接すれば、社会に復帰できるようになりますか

Q

私の弟（四十歳）が全く仕事もせず、ずっと実家でひきこもりになっています。たまに私が実家に行き、顔を合わせると、何も言わず、すぐ逃げていきます。仕事に就いても、一カ月ぐらいで辞めてしまうようなことを繰り返しています。両親も育て方を間違えたと悔やんで、死ぬに死ねないと毎日言っています。弟に、どのように接すれば、社会生活に復帰できるようになるでしょうか。

（42歳・女性）

まず、家族が本人の気持ちを理解することが、絶対に必要です

ひきこもりとは、「様々な要因の結果として社会的参加（義務教育を含む就学、非常勤職を含む就労、家庭外での交遊など）を回避し、原則的には六カ月以上にわたって概ね家庭にとどまり続けている状態」（厚生労働省の定義）をいいます。

内閣府の調査によると、その数は、満十五〜満三十九歳で、五十四・一万人、満四十〜満六十四歳で、六十一・三万人といわれ、七割以上を男性が占めています。

最近では、「８０５０問題」といって、八十代の親が、五十代のひきこもりの子どもを抱えて悩んでいるケースも少なくなく、大きな社会課題となっています。

厚生労働省も、近年はその対策に力を入れていて、平成三十年四月時点で、すべての都道府県と政令指定都市（六十七自治体）に、「ひきこもり地域支援センター」を設置し、平成三十年度からは、市町村におけるひきこもり支援を充実させるため、「ひきこもりサポート事業」を実施しています。

私の所にも、よくひきこもりについての相談が寄せられますし、年単位でカウンセリングに通っている人（本人あるいは家族）もたくさんあります。

本人の苦しみはもちろん、家族の悩みも深く、この質問者の方が、姉として心配されているお気持ちも、とてもよく分かります。

なかなか特効薬というものもないですし、すぐに解決できる問題でもありません。気長につきあっていく必要があることは、この方もよく分かっておられると思います。

しかしその一方で、こういう時に、本人の回復のために、家族として、やったほうがよいこと、やらないよりはやったほうが絶対によいことが必ずあると思っています。

それをいくつかお話ししたいと思います。

「とんでもない親不孝者だ」と、本人は自分を責めて、責め抜いているのです

まず、絶対に必要なことは、家族が本人の気持ちを理解する、ということです。

しかしこう言うと、本人に聞いても、答えてくれないし、しゃべってもくれ

ない、どうやって本人の気持ちを理解すればいいのか、と言われると思います。

確かに本人から気持ちを聞き出すことはできません。本人が自分の気持ちをきちんと言葉にして語れるようになるのは、相当あとになってからで、かなり回復してきて、初めて語れるようになることが多いです。それまでは、なかなか言葉にできないし、そもそも自分の本音を自覚することさえできないことが多いです。

では、本人の気持ちを知る方法はないのかというと、そんなことはありません。方法はあります。それは、同じようにひきこもりの体験をした当事者の話を聞いたり、手記を読んだりする、ということです。

確かにひきこもりになった具体的ないきさつは人それぞれです。しかし結果として、ひきこもりになって、家で過ごしている本人の気持ちは、驚くほど共通しています。

それは一言でいうと、自責の念であり、無力感であり、罪悪感であり、絶望感です。

多くの当事者は、自分がひきこもりになったのは、自分に根性がないからだ、弱いからだ、能力がないからだと、自分を責めて責め抜いています。

そのうえ、働きもせずに飯ばかり食べている、いわゆる穀潰しで、両親をがっかりさせ、苦しめ、経済的な負担もかけている、とんでもない親不孝者だと、自分を責めています。

また、こんな自分は、もう何をやっても無駄だ、自分には生きている価値さえもない、ゴミ人間、クズ人間だと思っています。「自分の人生は終わった」と、ほとんどの人たちが思っています。

だから、本来は自殺すべきなんだけれども、自殺する勇気さえもない、とことん最低の人間だと、自分を責めています。

だから、自分の人生にはこの先、絶望しかないし、生きているだけで害悪でしかないと思っています。

こんなことになったのは
おまえたちのせいだ!!
ガーン
本当は、悪いのは、
全部自分
弱くて
能力がなくて
根性がない
からだ
自分なんて、
生きている価値も
ない
ゴミ人間だ……

確かに、表面的にはゲームに熱中していたり、動画を見て笑っていたりすることもあるかもしれませんが、それは内心の絶望感を紛らわせるためのものであって、決して心の底から楽しんでいるわけではありません。

また、親や家族を責めて、「おまえのせいだ」と言ってくることもありますが、それは決して本音ではなく、いちばん悪いのは自分だと本当は思っているのです。しかしそれを考えだすと死ぬことしか考えられなくなるので、少しでもそのつらさから逃れようと、「親のせいだ」と思おうとしているのです。

ご相談の方の弟さんも、「顔を合わせるとすぐ逃げていく」と書かれています。話をすれば、きっとお姉さんから責められると思っているのです。「いや、決してそんなつもりはないのに」とおっしゃると思いますが、本人が強い自責の念に駆られているので、周囲の人がそう見えてしまうのです。

また、親御さんが毎日、「育て方を間違えたと悔やんで、死ぬに死ねないと言っている」と書かれています。そういう親の言葉は、どこかで弟さんにも伝わっているでしょう。そうすると弟さんとしては、「やはり自分は育て方を間違えられた失敗作だ」「親をこんなに苦しめている、なんてダメな息子なんだ」とよけいに自分を責めているに違いありません。

幸い最近は、ひきこもりの当事者自身が、手記を本にして出版したり、ブログに書いたりしていますので、ひきこもりになっている人が、どんな気持ちでいるのか、かなり分かるようになってきました。

そういう本やブログを片っ端から読んでほしいのです。そうするうちに、本人の気持ちが少しずつ理解できるようになってくると思います。そうすれば、家族の本人に対する言動も、きっと少しずつ変化してくると思うのです。

本人に、かけてよい言葉、かけてはいけない言葉

次に必要なことは、本人の気持ちを理解したうえで、家族がどう接していくのかを学ぶ、ということです。

これについて、例えばインターネットなどで検索（けんさく）すると、「子どものひきこもりを解決する方法」とか、「これをすれば早期に治ります」などの記事がたくさん出てきます。しかしこういうものは、最終的に高額なセミナーに誘導（ゆうどう）するものも多く、注意が必要です。

信頼できるのは、厚生労働省が関わって出している、「ひきこもりの評価・支援に関するガイドライン」や、行政が出している指針などですが、分からない時は、都道府県にある、ひきこもり地域支援センターに尋ねましょう。

そこで、ぜひお薦めしたいのが親の会です。ひきこもりの子どもや家族を抱えて悩んでいる親や家族が参加して、自分の現状や疑問に思っていることを話し合います。皆、同じ悩みを抱えている仲間ですから、親（家族）が何より支えられます。周囲に相談しても、「あんたの育て方が悪かったんじゃないの？」などと言われて傷ついてきたのが、ここでは、「よくそんな中、お子さんを支えてきたね」「親もつらかったよね」と共感してもらえます。「初めてこんな言葉をかけてもらえた」と涙ぐむ人も少なくありません。

そんな中で、「こういうふうにすると家の中の雰囲気がよくなってきた」とか、「子どもの、心からの笑顔を久しぶりに見た」というような、関わり方のヒントになる話がいろいろと出てきます。確かに「全然変わりません」という報告もありますが、そういう話を聞くことで、「うちだけじゃないんだな」と知ることもできます。

また、親の会や、支援センターで、ひきこもりの支援に関わるさまざまな機関の情報を知ることもできます。最近は、アウトリーチといって、自宅に訪問して支援してくれるところも少しずつ出てきました。

今までは、家族だけで行き詰まって、八方ふさがりだったのが、いろいろと関わりの手だてが見えてきます。そういう中で、子どもにかけてよい言葉、かけてはいけない言葉も分かってきます。

ちなみに、**かけてはいけない言葉は、仕事の話、将来の話、経済状況の話です。**「いつになったら仕事に行くの？」「このまま親が死んだらどうするつもりだ？」「親もいつまでも働けないし、おまえが働いてくれないと一家破産してしまうぞ」というような言葉です。

逆に、**かけてよい言葉、かけたほうがよい言葉は、まずはあいさつです。**

「おはよう」「おやすみ」「行ってきます」「ただいま」などという言葉を、たとえ本人が返事をしなくても、こちらからかけていく。あいさつのいいところは、まず「無害」であることです。相手に対する価値判断を含(ふく)みませんし、責めるニュアンスがありません。同時に、「相手を一人の人間として尊重している」ということであり、「怒(おこ)ってないよ」ということを示す意味もあります。

次にかけてよいのは、**時候の話題**。「今日は暑かったわ」「今日は寒いね。あなたの部屋(へや)、寒くない?」これも無害な言葉です。

「ありがとう」ほど、うれしい言葉はありません

そして何よりかけてほしいのが、「**ありがとう**」**という**言葉です。ちょっとしたことを本人に頼(たの)んで、やってくれなければしかたありませんが、たまたま

やってくれたら「ありがとう、助かったよ」と言葉をかけていく。重い物を移動してくれた、高い所にある物を取ってくれた、親も年を取ると、なかなか体の自由がききませんから、ちょっと物を取ってくれるだけでも助かります。それだけでも「ありがとう！　本当に助かったわ」と伝えていく。

なぜ「ありがとう」という言葉が大事かというと、これはお礼の言葉であると同時に、相手の存在価値を認める言葉だからです。「あなたがここにいてくれてよかった」「あなたの存在がありがたかった」という、存在価値をダイレクトに認める言葉なのです。自分の価値を見失っているひきこもりの人にとって、これほどうれしい言葉はありません。

このように、ひきこもりの人の気持ちを知り、適切な関わり方を学んでいくと、家の雰囲気（ふんいき）は少しずつ変わっていきます。そういうことを通じて、ようやく、「外に出てみようかな」「仕事に行ってみようかな」という気持ちが、少しずつ芽生えてくるのです。

考えてもみてください。家族とさえ話ができない、顔を合わせれば逃げていくような状態で、他人と話をしたり、仕事をしたりすることができるはずがありません。

家の外で活動する、仕事をする、そのための第一歩は、まず家族と普通に話ができるようになること、そのためには、やはり家族が本人の苦しさを理解し、本人が安心できるような関わりを続けていくことが絶対に必要なのです。

私が関わっている家族にはこういう人たちもあります。

※　※

兄弟は皆自立して、県外に行っているのに、末の息子だけが、就職でつまずいて、それ以来、ひきこもりになった。最初は、親も、「この子だけが悩みの種だ」と口癖のように言っていた。そのまま五年、十年たったが、下の息子は相変わらず仕事もせずに家にいた。

ところがある時、父親が脳梗塞を発症し、幸い命は取り留めたものの、半身麻痺が残り、自宅で介護するようになった。母はもともとひざが悪く、体の大きな父親を支えることができない。ところがそんな時、末の息子が介護を手伝ってくれるようになった。まだ若いから、父親を軽々と支えることができるし、もともと優しいところがあったので、何かと気遣ってくれる。そうするうちに、かつて両親の悩みの種でしかなかった息子が、両親を支えてくれる存在になった。

※　※

ある時、お母さんがおっしゃいました。

「上の子たちは忙しくて、たまにしか帰省しないし、全く頼りにならない。正直、この子が家にいてくれていなかったら、私たちはどうなっていたか分からない。今はこの子に感謝しています……」

それを傍らで聞いている息子さんの顔は、いつになく晴れ晴れとして、自信に満ちているように思えました。

さまざまな生き方があり、さまざまな価値観があります。海外を飛び回って、一財産築くような生き方もありますが、家族を支えながら、家族の喜ぶ顔を見て、それをわが喜びとする生き方もあります。

どちらが正しいとか、幸せだとか不幸だとか、誰も決めることはできないのではないでしょうか。

弟さんへの今後の関わり方について、少しでも参考になれば幸いです。

11

不満や愚痴ばかり言う、独り暮らしの姉が、嫌になります

Q

七十七歳の姉は、夫が亡くなり、独り暮らしになりました。心配なので、遊びに行くのですが、顔を合わせると、自分の子どもや嫁の悪口ばかり言うので、聞くのが嫌になります。

子どもや嫁や孫も、姉に寄りつかなくなってしまい、ますます独りぼっちになり、不満や愚痴ばかり言っています。どのように接したらいいでしょうか。

（73歳・女性）

大切な人を亡くした悲しみから、立ち直っていないのが、原因かもしれません

夫を亡くし、独りぼっちになったお姉さん。さぞかし寂しいだろうと思って、会いに行っているのに、聞かされるのは子どもや嫁の悪口ばかりとなると、嫌な気持ちになるのは無理もないと思います。

子どもや嫁も最初から寄りつかなかったわけではない、それなりに心配もしている、なのに、お姉さんのように文句ばっかり言っていると、それは寄りつかなくなるのは当然。もっと物事をプラスに考えなきゃ、とアドバイスしたくもなるでしょう。

しかしおそらくそのように助言しても、このお姉さんは聞く耳を持たず、また同じような愚痴を繰り返されるので、悩んでご相談をされているのだと思います。

なかなか人の性格というものは変えるのは難しいものですが、ただこのご相談をお聞きして、精神科医として一つ気になったことがありました。

それは亡くなった夫のことです。

「七十七歳の姉が、夫を亡くし、独り暮らしになった」と、さらっと書かれていますが、これはお姉さんにとっては、人生の根底を揺るがすような、大変なことだったのではないでしょうか。

どのような亡くなり方をされたのかも書かれていませんし、亡くなる前には寝たきりだったり、施設入所されたりしていたのかもしれません。しかしそれでも、お姉さんが七十七歳なら、おそらく五十年くらいは連れ添ってこられたのではないでしょうか。たとえ再婚だったとしても、一緒におられた時間は十年や二十年ではないはずです。お姉さんにとっては人生で最も大事な人だったのではないでしょうか（たとえ、けんかばかりの夫婦だったとしても）。そのような夫が亡くなって、何の影響もない、という人はおそらくありません。

悲しみ、孤独、絶望、後悔、自責、怒り……。さまざまな感情が生まれ、その気持ちに向き合わざるをえなくなります。

精神分析学では、この作業を「喪の仕事」といいます。**大切な人を失った時、人は、喪の仕事に向き合わざるをえないし、またきちんと向き合ってこそ、そこから立ち直ることもできます。きちんと向き合うということは、悲しむべきことをしっかり悲しみ、怒るべきことをしっかり怒る、ということです。**

大切な人が亡くなったのに、悲しむというのは分かるが、怒る、ということはどういうことか、と思う人もあるでしょう。しかし大切な人であればあるほど、その人が亡くなった時、人は、激しい怒りにとらわれることもあるのです。それは、「どうして自分を置いて逝ってしまったのか」「どうして自分を独りぼっちにするのか」「あんなに私のことを生涯守る、と言っていたのに、あの言葉は、うそだったのか！」という怒りです。

「そんなこと言っても、相手は死にたくて死んだわけではない、きっと後ろ髪引かれる気持ちで死んでいったと思うよ」と慰めても、現実に一人残して逝ってしまったことは事実です。取り残された者として、悲しみと同時に怒りを感じることは、決して不自然なことではないのです。

そういう気持ちにしっかり向き合って、誰かに受け止めてもらう、どこかにぶつける、ということがあって初めて、大切な人を失った悲しみから立ち直っていくことができます。逆に、この喪の仕事をしっかりしていないと、後で、不可解な行動に出たり、精神的な病気になったりしてしまうのです。

悲しむべき時に、しっかり悲しむ。泣くべき時に、しっかり泣く。これは心の回復に、とても大切なことです

これは、親子関係でもそういうことがあります。例えば、子ども時代、親は下の子ばかりかわいがっている気がして、寂しい思いをしていた。そのため思春期になると親に反発し、高校を出たらそのまま家を出て、長らく連絡を取ら

なかった。ある時、親が亡くなったという連絡を受け、葬式には出たが、涙は一つも出なかった。ところがそれから一年してから、体の不調が出て、うつ状態になった、というようなケースです。

親に対する怒りや寂しさ、「もっと愛してほしかった」「もっと素直に甘えればよかった」という悲しみや後悔を表に出さないまま来たために、それが心身に症状となって表れたのです。

ですから**悲しむべき時にしっかり悲しむ、泣くべき時にしっかり泣く、ということは、心の回復のためにとても大切なことなのです。**

ところがこの質問の方のお姉さんについては、夫が亡くなったことに関して、少なくとも妹さんに感情をぶつけたり、泣き叫んだりするようなことがあったというのは書かれていません。お姉さんの喪の仕事が、しっかり行われないまま、時が過ぎている、ということはないでしょうか。そしてそこで吐き出されなかった悲しみや怒りが、子どもや嫁に対する不満や悪口という形で、姿を変えて表現されているのではないでしょうか。夫が自分を残して逝ってしまった、という寂しさや怒りが、子どもや嫁がちっとも大切にしてくれない、という怒りに置き換わっていることはないでしょうか。

だとすれば、子どもや嫁に対する悪口をいくら聞いても、それでお姉さんの気が済む、ということはないでしょう。**必要なことは、お姉さんの喪の仕事がしっかりできるように、手助けしてあげることです。**

一緒に夫の墓参りに行き、夫の思い出話を聞く。いい思い出もあれば、つらい思い出もあるでしょう。そのうち、「なんで自分独りで逝ってしまったのか」という怒りを表出されることもあるかもしれません。

その話をしっかり聞いてあげる。繰り返し繰り返し聞く。そのうちに、夫も好きで逝ったのではないこと、夫も夫なりに妻を愛していたこと、夫に支えられてきた部分もあったこと、自分も夫を愛していたことに気づかれるかもしれません。

そういうことを語るうちに、お姉さんも徐々に気持ちの整理がつき、その時、本当の意味で、愛する夫に、さようならを告げることができるのではないかと思うのです。

今の世の中は、人が病院や施設で亡くなることが多くなり、ある意味で、死が私たちと縁遠いものに追いやられ、隠蔽されている気がします。そのために、人間として本当に大切なことを知る機会が失われているのではないでしょうか。

命に限りがあるからこそ、今の一瞬一瞬が大切であることを改めて知らされる気がします。

12

母が最近、父や親戚の悪口を、多く言うようになりました

Q

八十代の母ですが、最近、父や親戚（しんせき）の悪口が多くなり、話を聞くのがつらくなってきました。

やはり、我慢（がまん）して聞いたほうがいいのでしょうか。

（61歳・女性）

「自分が、これだけ苦しい思い、悲しい思いをしてきたことを、分かってほしい」という心の表れではないでしょうか

年を取ると、愚痴っぽくなる、といわれることがあります。もともとそういう愚痴っぽい性格の人なのだろう、という考え方もありますが、しかしこのお母さんの場合、「最近、悪口が多くなった」と言われていますので、それまでは、それほど悪口は多くなかったのだと思います。

今までは、そんなに人の悪口を言う人ではなかったのに、最近多くなってきたのはなぜなのか。私が時々経験するのは、それまで「よい妻」「よい母」でなければならないと、我慢してきた人です。

今八十代ということですから、その方が結婚し、子育てをしていた時期というのは、昭和の半ば、日本の伝統的な価値観がまだまだ残っている時代だったと思います。いわゆる「家父長制」といって、家の中では父親が権力を持ち、妻は夫に従うのが当然とされていました。また個人よりも、家の体面を保つことが優先され、親戚づきあいなどでも、女性の意見や都合などは後回しにされることが少なくなかったと思います。

もちろんそういう社会でも、親や夫からの愛情に支えられ、幸せに生きた女性もあったでしょう。その一方で、男性中心の価値観の中で、自己主張もできず、我慢してきた、耐えてきた女性も少なくなかったのではないでしょうか。

それでも夫が仕事をしていたり、子どもが小さかったりした時には、「よい妻」「よい母」を求める世間からの縛りもあって、自

おい
ちゃんと
片付けろよ
そろそろ
メシにして
ハイハイ
おまえの嫁さん
気が
利かんなー!!
ホント
そうなん
ですわ

分の気持ちは後回しにして、家族のため、子どものために頑張ってきたのです。

しかし時は令和となり、ジェンダー*平等、性差別撤廃が声高に叫ばれるようになりました。夫も退職し、子どもも自立し、今まで自分を縛っていた価値観から、ようやく自由になったのです。

そんな時に、今まで我慢してきた不満が、後から後からわいて出てくる、ということが起こるのではないかと思います。

若い時の夫の裏切り行為や、姑からこんなことを言われた、親戚からこんな扱いを受けた、ということを繰り返し訴える人があります。

夫に対してそれだけ怒りを持っているなら、今からでも別れればよいのではないかと思いますが、しかしそれはしない。それはやはり、長年連れ添った夫婦にしか分からない「情」というものがあるからでしょう。

それならなぜ繰り返し訴えるのかというと、**自分がこれだけ苦しい思い**

---

*ジェンダー……生物学的な性別に対し、文化的・社会的につくられる性別や性差のこと。男らしさ、女らしさなど。

をしてきた、悲しい思いをしてきた、そのつらさを誰（だれ）かに分かってほしい、ということなのだと思います。その心の傷がまだ癒（い）えていないために、いまだに心がずきずき痛む、それを助けてほしい、ということなのだと思います。

「もう何年前の話？　もう過ぎたことじゃないの」と言いたくなりますが、本人にとっては、決して過ぎた過去のことではない、今現在も苦しみ続けていることなのです。

程良い距離を保ちながら、他の人の助けも借りたほうがいいと思います

聞いているほうからすると、同じ話ばかり聞かされて、と思いますし、聞いても聞いてもキリがない、という気になりますが、しかし話をすることで、お

母さんは少しは楽になっておられると思います。だからこそ、繰り返し話をされるのです。

お母さんの苦しみを聞くと、こちらまで苦しくなりますが、しかし誰も話を聞いてくれる人がない人に比べると、お母さんはまだ話を聞いてくれる人がある分、幸せだと思います。

ただ、この方も「話を聞くのがつらくなってきました」と言っておられるとおり、いくら娘だからといっても、母親の愚痴話を聞き続けるのはつらいと思います。まして悪口の対象になっているのは、自分の父親ですから、なおさらです。

私はこういう時に、あまり我慢をして聞き続けるのも考えものだと思います。我慢をしていると、どうしても我慢の限界というものが来ます。そうすると、いつか必ず「爆発する」時が来ます。

「お母さんだって悪いところがあったでしょう！」「お父さんだって悪気があ

ったわけじゃないと思うよ」「人の悪口ばかり言って、お母さんこそおかしいよ！」などとついつい言ってしまう時が来るのです。

そう言われて、「確かに自分も言いすぎたな」と思われるお母さんならいいのですが、たいていはそうなりません。

「じゃあお母さんが悪いっていうの？」「あんたには私の気持ちなんか分からない！」と売り言葉に買い言葉になってしまいます。そのまま気まずくなって、もうお母さんと話ができなくなる、ということもあるのです。そうなってしまっては、せっかく今まで一生懸命話を聞いてきたことも無駄になってしまいます。

大切なことは、あなたが我慢をし続けることでもなく、爆発することでもなく、

あなたが続けて話を聞ける程度に、頻度を調節する、ということです。例えば、週に一回くらいなら話を聞ける、ということなら、そのくらいの頻度にして、それを続ける、ということです。

その代わりに、できれば、あなた以外の人で話を聞いてもらえる人を見つけることが必要ではないでしょうか。

お母さんの昔からのお友達などがいれば、そういう人でもいいですが、しかし友達といっても、身内の悪口は話しづらいものです。私のお勧めは、訪問介護や訪問看護などを導入して、そういう第三者の人に話を聞いてもらうことです。

いきなり「訪問看護師さんに話を聞いてもらいましょう」と言っても、お母さんは遠慮して同意されないと思いますから、薬の管理とか、何か理由をつけて、定期的に来てもらうようにします。あるいは訪問介護で、家の掃除や日中の買い物を手伝ってもらうことを口実にヘルパーさんに来てもらいます。そしてお母さんに、そういう人と仲良くなってもらうのです。そうすると、徐々にいろいろな愚痴話もできるようになってきます。訪問看護師や、ヘルパーさんの中には、話を聞くのが上手な人がいますから、そういう人に話を聞いてもらえるようになると、あなたの負担も減ってくると思います。

あるいは、地域の民生委員や傾聴ボランティアを利用する方法もあります。傾聴ボランティアについては、各地域の社会福祉協議会※で紹介をしていますので、問い合わせてみてください。

「話を聞くのがつらくなる」くらいまで、一生懸命、お母さんの話を聞き続けてこられた、親思いの娘さんだと思います。ぜひこれからも、お母さんとのよい関係を保つために、程良い距離を保ちながら、他の人の助けも借りて、過ごしていただければと思います。

※全国の社会福祉協議会の連絡先一覧

✕ 我慢していると、我慢の限界が来る

○あなた以外の人で、話を聞いてくれる人を見つける

13

八十歳を超えて、介助が必要な父と母の、やりとりが心配です

Q

両親とも、八十歳を超えて、体が思うように動かせなくなっているようです。父が、シャツのボタンを留めることができなかったり、ズボンをはくことができなかったりすると、母は、「何を甘えているの。自分でしなさい」と、子どもを叱るように、きつい言葉を投げかけます。

父は、だんだん聞こえないふりをして、無表情になっているように思います。すると、母は、ますますイライラして、父に、きついことを言います。

しかし、自分が「きついことを言っている」という自覚がないようです。

たまに、両親の所へ行くたびに、このような様子を見て、どちらの肩も持つことができず、困ってしまいます。息子として、どう接していけばいいのでしょうか。

（55歳・男性）

お父さんとお母さん、それぞれの苦労をねぎらっていく

両親とも、八十歳を超えて、ということですから、おそらく夫婦となって、五十年余りたっておられるのだと思います。

結婚した夫婦の三組に一組が離婚、という現代の風潮からすると、本当に五十年間、よく添い遂げてこられたと思いますし、一言で五十年といっても、他人にはうかがいしれない、いろんな出来事や、問題があったと思います。そういうさまざまな歴史を乗り越えて、現在の夫婦の関係があるわけで、それを簡単にどちらが悪いとかよいとか、判断できないことだと思います。

ご質問のご夫婦の場合は、どうか分かりませんが、**妻が夫に厳しくなるのは、やはり妻が今まで我慢してきた反動であることが多いです。**

夫は、今まで自分の好きなように生きてきた。家事や子育ても顧みず、自分のやりたいことばかりやってきた。妻はそんな夫を黙って支え、場合によっては、さまざまなトラブルの尻ぬぐいまでしてきた。

もういいかげん、夫の世話から解放されたいのに、逆にどんどん手がかかるようになってきた。他に誰も肩代わりしてくれる人はない。自分がやるしかない。夫はやらないのではない、体力的な問題でもうできないのだ、とうすうす分かりつつも、そういうイライラや閉塞感をどうしようもなくて、夫に対する、きつい物言い、という形で出していることがよくあります。

夫は夫で、妻の言い方にカチンときつつも、実際、以前できたことがどんどんできなくなっている、結局妻に頼るしかないので、何を言われても耐えるしかない。そうするうちに、自信も失い、意欲もなくなり、どんどん無表情になっていく、ということも、よくあることです。

私は、息子さんとしてはまず、そのように**母は母なりの、父は父なりの心情がある、ということをよく理解する**、ということがまず第一ではないかと思います。そのうえで、母親には、「そんなきつい言い方するなよ」とたしなめるのではなく、「お父さんのお世話も大変だね。お母さんよくやっているよ。ありがとうね」とねぎらっていく。

父親には、「お父さんも頑張ってやろうとしてるんだね。でもどうしてもできないこともあって、困ってるんだよね」と声をかけていく。**どちらの味方をするわけでもなく、それぞれの苦労をねぎらっていく**、ということが何より大事なことではないかと思います。

「お父さんのお世話も大変だね。
お母さんよくやっているよ。
ありがとうね」
とねぎらっていく

「お父さんも
頑張ってやろうとしてるんだね。
でもどうしてもできないこともあって、
困ってるんだよね」
と声をかけていく

介護保険を活用して、週一回でも、ヘルパーさんや訪問看護を導入してはどうでしょうか

さらに提案するとすれば、私はぜひ、第三者のヘルパーさんなどの手を借りてはどうかと思います。

今の介護保険制度は、「家族だけに介護負担を負わせない。介護は社会全体で担っていくもの」という理念で作られたものです。「老々介護」という言葉もありますが、お年寄りがお年寄りの介護をしていくには限界があります。ここはぜひ、介護保険を活用して、週一回でもいいから、ヘルパーさんや訪問看護を導入してはどうでしょうか。

高齢の男性は、他人の手が入ることを嫌がることが多いですが、それは必要

なことだと、子どもたちから説得しましょう。導入してみると、週一回でも身の回りの世話をしてくれたり、お風呂に入れてくれたりして、意外と助かることがあります。

何より、そういう人たちは、お年寄りに優しいです。そういう他人相手だと、頑固なお年寄りも、意外と素直になったりします。そういうケアの様子を見て、奥さんも、「こういうふうに声をかければいいのか」とか、「このように介助すればいいのか」と学ぶことができます。

週一回でもそのような関わりを継続することで、父母だけの閉ざされた関係が、少し周

囲に開かれ、変化してくることがあるのです。

少しでも心穏やかに、支え合って生きていってほしいですね

五十年も一緒に暮らしてきた夫婦です。妻も夫を大事に思っているからこそ、「体がいうことをきかなくなる」という現実を受け入れられずにイライラしてしまうのです。

夫も妻を愛しているからこそ、申し訳ないと思い、自分を責めているのです。

だからこそ、一方が亡くなったあと、妻は、「もっと夫に優しくすればよかった」と後悔し、夫は、「苦労ばかりかけて、何もしてやれなかった」と涙に暮れるのです。

せっかく二人で長生きできたのですから、残された人生、少しでも心穏やかに、支え合って生きていってほしいですね。そういう息子さんの思いは本当に尊いと思いますし、そのためにできることは、まだいくつかあるのではないかと私は感じました。

ご家族の幸せを心から念じております。

14

母が亡くなってから、急に父の気力がなくなりました

Q

父は八十五歳です。母が亡くなってから、急に気力がなくなったように感じます。

家から出なくなったので、足腰が弱るのではないかと心配しています。近所の人と交流しようともしません。話しかけても、あまり表情が変わらず、「うん」と答える程度で、話をしようとしません。どのように接していけばいいでしょうか。

（62歳・男性）

「認知症か？」と、心配する前に

ご高齢で、気力がなくなり、家から出なくなる、近所の人と交流しない、話しかけてもあまり表情が変わらず、話もしようとしない、となると、ご家族としては、まず「認知症か？」と心配されると思います。

もちろんその可能性もないわけではありませんが、この経過からすると、私は別の原因を考えます。それは、「うつ病による、仮性認知症」という状態です。

「仮性認知症」とは、一見、認知症かと思う症状なのですが、実際には、認知症ではなく、うつ病によって引き起こされる状態です。

認知症と見える症状というのは、例えば、

「ぼうっとすることが増えた」

「動作が遅くなった」

「何を聞いても『分からん、分からん』と言う」

「表情が乏しくなった。笑顔がない」

「『何も思い出せない』と言う」

などです。

このような状態は、確かに認知症でも生じることがありますが、実はお年寄りのうつ病でも生じることがあるのです。

そして重要なことは、認知症は、基本

的にはなかなか回復を見込めず、徐々に進行していく病気なのです。薬といっても、今のところ進行を遅くすることしかできません。

しかし、うつ病の場合は、治療によって回復することができます。それが大きな違いです。

ですからそういう意味で、認知症なのか、仮性認知症なのかを見分けることは、とても大切な鍵になってくるのです。

「認知症」と、「うつ病による、仮性認知症」、どこが違うのか

では、認知症と仮性認知症は、どこが違うのでしょうか。その違いを、いくつか述べてみたいと思います。

まず発症のしかたですが、認知症だと、いつとはなしに発症する、という形で現れます。「だいたい、何年前頃から」と、おおよそのことは言えますが、何年何月から、ということは、はっきり言えません。家族が気づかないうちに発症していた、ということもあります。発症のしかたが極めてゆっくりとしているのです。

それに対して、仮性認知症の場合は、だいたいいつ頃から、というのが比較的はっきりと特定できます。何年何月頃から様子が変わってきた、ということを家族が言うことができます。比較的、急速にその変化が現れてくるのです。

このように、発症のしかたに、違いがあるのです。

次に、きっかけですが、認知症の場合は、特にきっかけとなる出来事がなく、徐々に発症してきます。「家に一人で帰ることができず、警察のやっかいになった」という出来事がきっかけで家族に知られることはありますが、それがきっかけで発症したのではありません。潜在的に進行していたものが、その時、明るみに出たということです。

しかし、仮性認知症は、多くの場合、きっかけになる出来事があります。多くは配偶者や家族との死別、体の病気による入院や手術、長年やってきた仕事の退職・引退、引っ越しなど。いわゆる「喪失体験」といって、長年慣れ親しんだものとの別れ、喪失、変化がきっかけになることが多いです。

また、病気の自覚においても違うことが多いです。認知症の場合は、自覚していても、周囲の人が心配するほどには、本人には自覚のないことが多いです。「ええ、ちゃんと分かりますよ」「大丈夫です」と、ちっとも大丈夫ではないのに、問題を認めないことが多いです。

それに対して、仮性認知症の場合は、「何も分からなくなってしまった」「何も思い出せないです」と必要以上に自分の状態を悲観的にとらえていることが多いです。本当はそれほどでもなくても、実際以上に自分の状態を悪くとらえています。病気の自覚があるどころか、ありすぎるところが、また心配なところでもあるのですが。

対人関係にも違いがあります。認知症の場合は、社交性は比較的保たれます。表面的な会話はできますし、愛想もいいです。たとえ分かっていなくても、分かったふりをします。

しかし、仮性認知症の場合は、早くから外出しなくなり、人との接触を避けるようになります。人と会うのがおっくうになるのです。

以上のような違いがあります。ただ、上記は典型的な場合であって、実際には判断に迷う場合もあります。不安な場合は、早めに専門医を受診して、きちんと診断してもらうのがいいでしょう。

	認知症	仮性認知症
発症のしかた	いつとはなしに	あの頃から、 だいたい何年何月頃から と家族が言える
きっかけ	特になし	配偶者や家族との死別、 体の病気による入院や 手術、 長年やってきた仕事の 退職・引退、引っ越し、 などの喪失体験
病気の自覚	周囲の人が心配するほどには、本人には自覚のないことが多い	実際以上に自分の状態を悪くとらえていることが多い
対人関係	表面的な会話はでき、 比較的社交性はある	人と会うのが おっくうになる

深い寂しさ、孤独感を埋めるには、人との交流が必要

さて、ご質問のケースですが、上記の区別からすると、「急に」気力がなくなった、ということで、発症が比較的急であることがうかがえます。また、「母が亡くなってから」と、明らかに喪失体験をきっかけとして起こっていることが分かります。また、「家から出なくなった」「近所の人と交流しようとしない」など、対人関係も乏しくなっていることがうかがえます。

そういう点からすると、お父さんの状態は、認知症というよりも、お母さんとの死別をきっかけとする、うつ病の可能性が高いのではないかと思われます。

一見、認知症と思われるような症状も、実際は、「仮性認知症」と考えられる

かもしれません。

ではどのように対応するかですが、きっかけがお母さんの死去ということですから、きっと心の中には、深い寂しさ、孤独を感じておられると思います。ですから、それを埋めていくには人との交流が必要です。

ただ、だからといって、いきなり社交の場に出掛けるとか、ボランティア活動をするなどは、今のお父さんの状態からいって不可能です。まずは慣れ親しんだ家族が、かわるがわるに声をかける、接する時間を増やしていくことが大切ではないかと思い

ます。もし親しい友人がいるなら、連絡を取って、来てもらうのもいいでしょう。日中一人でおられるならば、介護保険でヘルパーさんを依頼して、身の回りの世話と同時に、世間話をしてもらう。訪問リハビリで、簡単な体操をしてもらうのもいいでしょうし、薬をのんでおられるようなら、訪問看護師さんに、薬の管理という名目で、関わってもらうこともいいかもしれません。

うつ病には、薬が効果的な場合も

そしてもう一つ、うつ病の場合には、薬が効果的な場合があります。ご高齢なので副作用が出やすいこともあるので、少量から、様子を見ながらだと思いますが、合った薬が見つかれば、表情も明るくなり、会話も増えるということもあります。

「抗うつ剤」というと、抵抗を感じる人も多いですが、最近は副作用の少ない薬も出てきています。「仮性認知症」では一度ぜひ試してみるべき方法の一つです。

八十五歳で、長年連れ添った奥さんを亡くされて、心の中は、深い悲しみに閉ざされておられるのだと思います。そのご心痛はいかばかりかと思います。それでも、お父さんのことをこれだけ心配されているご家族、お子さんがおられるのです。何とかもう一度、元気になって、笑顔で暮らせる日が来ることを、心から願ってやみません。

15

物忘れや言い間違いが多くなった高齢の父に、どう接すればいいのでしょうか

Q

八十二歳になった父は、曜日や人の名前を間違えて言うことがあります。初めのうちは、間違いを正していたのですが、そうすると、情けないような顔をするので、申し訳なく思い、大きな問題がなければ、笑って相槌を打つようにしていますが、これでいいのでしょうか？

年相応のことなのか、認知症の症状なのか、判断できないので、病院に行こうと勧めるのですが、本人は「行きたくない」と言います。

（51歳・女性）

いちばん困っているのは、お父さんご自身です

年を取ると、誰でも忘れっぽくなります。人の名前が出てこない、物をしまった場所を忘れる、などは、どんな人でも経験することではないかと思います。

私はよく患者さんから、「最近、忘れっぽくなった。認知症ではないか」と聞かれることがあります。単なる物忘れは、自然な脳の老化現象ですが、認知症は病気です。ではどこが違うのか。

私は端的にこのようにお答えしています。

「朝ごはんに、何を食べたか思い出せないのは、物忘れ。朝ごはんを食べたこ

と自体を忘れるのが認知症」

年を取ると、今日の朝ごはんに何を食べたか、思い出せないことはあると思います。しかし朝ごはんを食べたこと自体は覚えています。これはまだそれほど病的な状態ではありません。しかし認知症になると、朝ごはんを食べたこと自体を忘れてしまいます。ですから、認知症の人は、朝ごはんを食べたのに、「まだ朝ごはん食べとらん！　まだか！」と怒るのです。いくら、「さっき食べたでしょ？」と言っても本人には記憶がないので、最後はけんかになってしまいます。

さて、ご質問の方のお父さんについてですが、文面だけでは病的なものかどうか判断はできませんが、いずれにせよ、加齢による記憶障害が出てきておられる状態なのだと思います。

このような物忘れに対して、その間違いをいちいち指摘することは正しいか、正しくないか。これについては、介護の現場でははっきり結論が出ています。

「**記憶の間違いをいちいち指摘することはよくない**」です。

なぜなら、このような物忘れによって、家族ももちろん困りますが、いちばん困っているのはお父さんご自身だからです。だからこそ、「情けないような顔」をされるのだと思います。

　自分の記憶が、不確かなものになり、家族に迷惑をかけている。自分に自信をなくし、「これからどうなるんだろう」と不安になっている。そういう時に、周囲から何度も間違いを指摘されると、さらに自信をなくして意欲を失ったり、「バカにして！」と腹を立てたりすることになります。間違いを指摘しても、状態が改善するどころか、よけい逆効果になるのです。

　ちなみにこれは子どもでも同じです。ふだんよく勉強ができる子に、たまに間違いを指摘するくらいなら、それで奮起することもあるでしょう。

　しかし勉強が苦手な子に、間違いを指摘してばかりいると、次第に自分に自信をなくし、よけいやる気を失ったり、やけになったり、「自分ばっかり怒られる！」と腹を立てて、下の子をいじめたりするようになります。決して事態は改善しないし、さらに悪化することになりかねません。

なぜかというと、**間違いを繰り返し注意されることで、自分の存在自体を否定されている、と思ってしまうからです。そしてそれが、子どもにとっても、お年寄りにとっても、精神的にいちばんよくないことだからです。**

逆に、自分の存在には価値がある、必要とされている、自分は一人の人間として尊重されている、と思える時、人はたとえ記憶障害があっても、体に不都合があったとしても、幸せに生きることができるのです。

認知症であったとしても、その人を人間として尊重し、その気持ちに共感し、受け入れることが大切

認知症の人とのコミュニケーションについて、介護の現場では、いろいろな方法が工夫されてきていますが、その中に、「バリデーション」という技法があります。

これはアメリカのソーシャルワーカー、ナオミ・フェイルという人が開発し、全世界に広まっている方法で、特に認知症の人とのコミュニケーションに非常に効果があるといわれています。

バリデーションの基本的な考え方を以下に紹介したいと思います。

- すべての人はそれぞれ個性的な存在です。ですから必ず一人ひとりに個別に対応しなければなりません。
- たとえ彼らが混乱した認知症の状態であったとしても、すべての人は人間として尊い価値のある存在です。
- お年寄りの混乱した行動の裏には、必ず理由があります。

・お年寄りの習慣となっている行動を無理やり変えることはできません。本人が変えようと思わない限り、変えることはできません。

・共感と受容は、信頼関係を築き、不安を減らし、尊厳を取り戻す力になります。認知症の人を本当に理解すれば、その人に対する介護の心構えが強くなります。

何より大切なことは、認知症であったとしても、その人を人間として尊重し、その気持ちに共感し、受け入れる、ということです。

「まだ朝ごはん食べとらん！」と言う人に、「さっき食べたでしょ！」と言っても、けんかになるだけです。

そうではなく、「今、準備してるからね。ちょっと待っとってねー」と言うと、お年寄りは安心されるのです。三十分後にまた同じことを聞かれるかもしれません。そうしたらまた同じことを繰り返せばよいのです。それがお年寄りの気持ちを受け入れる、ということです。そのほうが、お互いに穏やかな気持ちでいられるし、けんかになるよりはよほど精神的に楽なのです。

そして、少しでもできていることがあれば、「ありがとう」「助かったよ」と伝えていく。「元気だねー。とても八十二歳とは思えないわ」と言えば、その言葉だけで、お年寄りは元気になれるのです。

× けんかになる接し方

まだ朝ごはん
食べとらんぞ
ムッ
はー
何言ってるのよ。
さっき食べてた
じゃないの。
まだ食べる気?
ムカー
何だその
言い方は!!
自分が
怠けていたくせに!
いいかげんにしてよ!!
こっちだって
忙しいんだからね!!
何だと!!

○お年寄りが安心される接し方

「お父さんのことが心配だから、一度病院に行ってほしい」と、繰り返し頼む

最後に、病院に連れていく方法ですが、本当に心配な状態であれば、やはり専門医に診てもらう必要があります。ただ、本人も「認知症と言われるのではないか」という不安があって、抵抗されることも少なくありません。

そういう時には、例えば、

- 健康診断を受けよう、と言って病院に連れていく。
- 高血圧や腰痛などでかかりつけの病院があればそこで検査してもらう。あるいは主治医から、専門医への受診を勧めてもらう。
- 軽い症状（頭痛とか腹痛、風邪など）を口実に、それをきちんと診てもらお

う、と勧める。

などの方法があります。

力ずくで連れていったり、だまし討ちはよくありません。「お父さんのことが心配だから、一度病院に行ってほしい」と繰り返し頼み込むと、そのうち受け入れてくれることもあると思います。

ただ、**そのように冷静に対応できるためには、介護する人も精神的なゆとりが必要です。介護する人もまた、周囲に支えられ、ねぎらってもらう必要があるのです。**

「申し訳なく思い、大きな問題がなければ、笑って相槌を打つようにしている」と質問にありますが、それこそが、お年寄りの気持ちに寄り添い、安心感を与える関わりだと思います。いろいろな人の力を借りながら、大切なお父さんとともに、ぜひ今後も幸せな生活を送っていただきたいと思います。

16

認知症の母の介護に、心身ともに疲れてしまいました

Q

母が認知症になり、介護が必要になりました。私が家で引き取って介護をしています。

母の認知症は進行していき、最近では会話が通じなくなったり、おかしな行動をとったりするようになってきました。生んで育ててくれた母ですので、できる限り自分で介護したいと思っているのですが、心身ともに疲れてしまい、施設に入れることも考えています。

そんな母に対して、どのように接していけばいいのでしょうか。

（60歳・男性）

年を取るということは、今までできていたことができなくなることだと認めましょう

超高齢社会の到来とともに、認知症の介護が、いよいよ社会全体の課題となってきました。厚生労働省の推計によると、令和七年には、認知症を患う人の数は、約七百万人、六十五歳以上の人の約五人に一人が認知症になると予想されています。

それと同時に、介護をめぐる悩みも増え、私のところにも、認知症の親の介護で、悩む人の相談が後を絶ちません。

家族としても、社会としても、大きな価値観の変換が求められているのではないかと思います。

　私は今まで、子育てに関する本をたくさん書いてきましたが、最近、お年寄りの介護にも、子育てと共通することがたくさんある、と感じるようになりました。

　子どもがキレたり、暴れたりすることの背景にあるのは、子どもの寂しさであったり、過去に受けた被害体験の裏返しといわれます。

　お年寄りがどなったり、暴言を吐いたりすることの背景にあるのも、孤独であったり、周囲から責められている、と感じているからかもしれません。

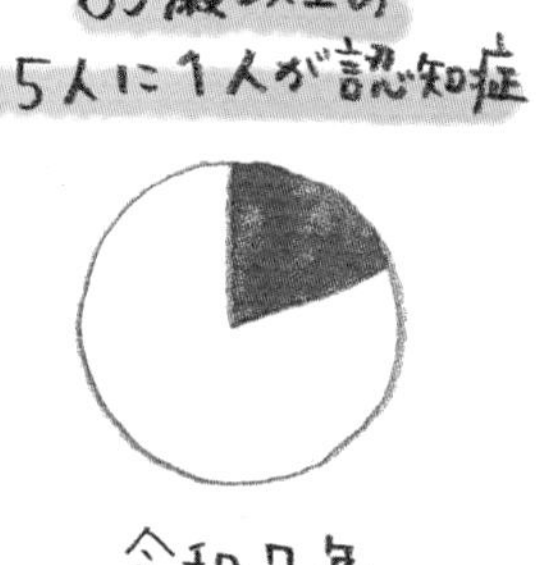

子どもをついつい叱ってしまうことの背景にあるのは、子どもに対する要求水準が高すぎるからです。できて当たり前と思ってしまうと、できない時についつい叱ってしまいます。

お年寄りについつい怒ってしまうのも、大人だったらこのくらいできて当たり前、と思っているからかもしれません。

かつては尊敬していた親が、こんなこともできなくなるのか、それを心の中では、まだ受け入れることができていないのかもしれません。

ついついお年寄りにイライラしてしまうのは、お年寄りに対する要求水準がまだ高すぎるのではないでしょうか。

子どもが幸せに生きるために何より大切なことは、「自分は生きている価値がある」「自分は必要とされている」と、自分の存在に対する自信を育むことです。

お年寄りも、自分は周囲から必要とされている、人として尊重されていると

感じられると、穏やかになり、笑顔が出てくることがあります。

逆に、自分は誰からも必要とされていない、バカにされている、無視されている、と思うと、攻撃的になったり、意欲を失ったり、妄想的になったりします。

高齢者の心のケアを学んでいきましょう

ところが、私たちは、今まで高齢者の心のケアについて、ほとんど学

ぶ機会がありませんでした。それはある意味当然で、ほんの数十年前までは、人は認知症になる前に、寿命を終えていたからです。

しかし今や私たちは、国民の平均年齢が五十歳を超えるという、人類史上経験したことのない超高齢社会に向かおうとしています。そのために私たちは、高齢者や認知症の人に、どう接していくか、という新しい問いに向き合い、学んでいかなければならないのです。

では、高齢者や認知症の人に接する時に、大切な心構えは何でしょう。

まず大切なことは、「年を取るということは、今までできていたことができなくなることだ」と認める、ということです。

そんなこと当たり前じゃないかと頭では思っていても、心ではなかなか受け入れることができません。気持ちはいつまでも若いつもりですから、体も頭も以前と同じように動くとどこかで思っています。

家族（親）も同じです。元気だった頃のイメージがいつまでも残っていて、このくらいできるだろうと思っています。しかしそれは十年前の話。今はもうそれは無理なのです。

それは悲しいことですが、一方でそれは、生き物としての自然の経過です。どんな人も早かれ遅かれ、たどっていく道なのです。それをまず認めましょう、ということです。

お年寄りに、「自分は大切にされている」と感じてもらうことが、最大の心のケアになります

次に、認知症の人がいちばん悩んでいることは、物忘れがひどいとか、体が思うように動かない、ということではありません。何よりつらいのは、自分が

以前のようにできないことで、家族に迷惑をかけている、家族から疎んじられている、要するに、自分の存在価値を失ったのではないか、という不安です。

ですから、逆にいえば、お年寄りに、「自分は大切にされている」「自分も必要とされている」と感じてもらうことが、最大の心のケアであり、認知症のケア、ということになります。

「いや、お年寄りを大切にする気持ちはすでに持っているよ」と言われる方が多いと思いますが、それがきちんと相手に伝わっているでしょうか。伝わるような接し方をしているでしょうか。

私は介護する方を責めるつもりはありません。すでに十分すぎるほどやっておられると思います。しかし伝え方というのは、一つの技術です。それは学ばなければ、なかなかうまく伝わらないのです。

「あなたが大切だ」という気持ちの伝え方

ユマニチュードという、フランス発の認知症ケアの新しい手法は、「あなたが大切だ」という気持ちの伝え方を、技術として確立して、大きな成果を上げています。

例えば、ユマニチュードでは、「見る」「話す」「触れる」「立つ」という四つの行為を、関わりの柱と考えています。

「**見る**」とは、ただ見るのでなく、相手の視界に入り、目を合わせて、相手の視線を「つかみにいく」ことです。しっかり目を合わせることで、相手のことを大切に思っていることが伝わります。

「**話す**」とは、自分がやろうとしていることを、実況中継風にして伝える、ということです。例えば「これから背中をふきますね」などというふうに。そして、「協力してくれてありがとう」「気持ちいいね」などの肯定的な言葉をかけていきます。

「**触れる**」とは、広い面積で、ゆっくりと、優しく触れていくことです。触れる場所によって、相手がびっくりすることがあるので、最初は背中とか、上腕などをゆっくりさすることから始めます。

「**立つ**」ことは、身体機能の維持にも大切ですが、「自立」という言葉に「立つ」という言葉が含まれるように、精神的な自立、自信にもつながります。ユマニチュードでは、立つことを尊重し、支援しています。

「あなたが大切だ」と伝わる、認知症ケアの４つの手法

見る

相手の視界に入り、目を合わせて、
相手の視線を「つかみにいく」

しっかり目を合わせることで、
相手のことを大切に思っていることが
伝わります。

話す

自分がやろうとしていることを伝え、
肯定的な言葉をかけていく

「これから背中をふきますね」
「気持ちいいね」など。

広い面積で、ゆっくりと、優しく触れていく

最初は背中とか、上腕などをゆっくりさすることから始めます。

立つ機会を作る

身体機能の維持と、精神的な自立、自信につながります。

残された時間を、笑顔で過ごすために

「子ども叱るな来た道じゃ　年寄り笑うな行く道じゃ」という言葉があります。認知症の人を念頭に置くなら、「年寄り叱るな行く道じゃ」といってもいいかもしれません。

年を取るというプロセスは、誰もがたどっていく道なのです。その人が特別わがままなのではなく、怠けているのでもなく、どんな人も年を取ればそうなるのです。

そうであれば、残された時間、これもできてない、あれもできてない、とカリカリするよりは、お互いに要求水準を下げて、笑顔で過ごせるほうがよいのではないでしょうか。

しかしそれでも、介護はなかなか大変です。ですから、介護サービスなどの地域の力を借りるとか、しばらくショートステイなども導入するなど、一人で抱え込まない工夫も大切です。

それでも在宅が難しいとなれば、施設入居という選択肢もあるでしょう。

今まで、家族のため、子どものため、一生懸命働いて、育ててくれた親です。認知症になっても、心ではあなたのことをきっと心配しています。

お互い、相手のことを尊重しながら、少しでも心穏やかに暮らしていくために、認知症の正しいケアの方法が、もっともっと広まっていくことを願っています。

17

高齢の父の部屋に、どんどん不要な物がたまっていくので困っています

Q

七十代の父は、母を亡くして一人で暮らしています。様子を見に行くと、部屋には、今は使わない物や、昔の物がたくさんあります。私が不要な物を処分するように言うと、「これは、取っておきたい」「あれも捨てたくない」と不満そうです。ついつい口げんかをしてしまうこともあります。

このような親に、どんなふうに接すればいいでしょうか。

（50歳・女性）

お年寄りの「不安」や「孤独」が原因かもしれません

「物を捨てられない」「自分の部屋(へや)や家の中に、不要な物がどんどん増えてくる」ということで、私の所にも、相談に来られる方が時々あります。多くは、ご本人というよりも、家族の方が心配して、あるいは困って、来られる方がほとんどです。

「物を捨てられない」理由にはいろいろあります。

もともとの性格として、「もったいない」と感じて、何でも残しておくタイプの人ということもありますし、幼少期に貧しくて、物のない時代を過ごしたので、物がないと不安になる、物があると安心する、という人もあります。

あるいは、物を捨てるには、思い切りというか、一種の決断が必要ですが、それにはある程度の心のエネルギーが必要です。ところが、精神的に疲れたり、うつ病になったり、ひきこもりの状態になったりすると、そういう決断ができなくなり、それでどんどん物がたまっていく、ということもあります。

あるいはお年寄りで認知症の始まりとして、買ったことを忘れてしまい、再度買う、また、物が家にあるかどうか覚えられないので、不安からついつい捨てずに残してしまう、ということもあります。

それらがエスカレートすると、いわゆる「ためこみ症」という病的な状態になります。

これは、英語で「ホーディング」といい、「DSM-5」という、アメリカ精神医学会

が作成した「精神疾患の診断・統計マニュアル」（二〇一三年）で初めて記載されました。

「ゴミ屋敷」というと、日本でしばしば社会問題になっていますが、これは日本だけでなく、世界各国でも近年問題になっています。これを引き起こすのが「ためこみ症」という病気です。

「ためこみ症」の症状は以下のようなものです。

① それほど価値はない物でも、捨てたり、手放したりすることが困難。

② 物を捨てることに、強い苦痛を感じる。

③ 捨てられないことによって、生活空間が物でいっぱいになり、部屋が本来の目的で使えなくなる。

④ 安全な環境の維持が困難になり、社会的に支障が出ている。

ご相談のお父さんの場合は、「ためこみ症」といえるほどの病的な状態ではないと思いますが、気持ちのうえでは共通するところもあるのかもしれません。

私が、「ためこみ症」も含めて、お年寄りで「物を捨てられない」人の相談で、しばしば感じるのは、その人の「**孤独**」です。

独り暮らしであったり、家族と暮らしていてもふだんの会話がほとんどなかったり、大切な人を失ったり、という状況が、たいていあります。そういう人にとっては、**回りに馴れ親しんだ「物」があることが、孤独を癒やし、安心感を得る、大切な手段になっているのかもしれません。**

ところが周囲から見て必要のない物が、どんどんたまっていくと、周りは何とかしようとして、無理やり片付けようとしたり、注意したりします。しかし本人としてはそれらの物が生きていくうえでの心の支えになっているわけですから、当然抵抗したり、言うことを聞かなかったりします。そうすると、よけいに周囲といさかいになり、孤立を深めます。そうすると、さらに物をため込む、という悪循環になってしまうのです。

「物を捨てられない」そういう気持ちを少しでも理解するのが第一歩

しかし、そのままどんどん物がたまっていくと、掃除もできませんし、ほこりやカビのもとになり、衛生的にもよくありません。さらに物がたまっていくと、火事の心配や、においの問題も出てきます。このまま放置しておくわけにもいかない、という家族や周囲の心配も分かります。

ではどう関わればいいのでしょうか。

私は、**まず、「物を捨てられない」人の気持ちを少しでも理解する**、ということが第一歩だと思います。

お父さんでいえば、大切な奥さんを亡くされて、毎日、寂しい思いで生活されているのだと思います。たとえ今は使わなくなった、壊れた物であっても、そこには奥さんと過ごした大切な思い出が詰まっているのかもしれません。他人にとっては価値のない物であっても、お父さんにとっては、愛する妻の影が宿っている、かけがえのない物かもしれないのです。

それを捨てられると、妻を再び失ってしま

うようで、とても耐えがたいのかもしれません。そういう気持ちを理解すれば、「なんでこんないらない物までいつまでも残しておくのか！」というイライラも少しは軽くなり、お父さんに少しは優しくなれるかもしれません。

　しかしいつまでも放置しておくわけにもいきませんから、

「お父さんにとって大切だというのは分かるけれど、物が増えすぎると、掃除もできないし、ほこりやカビのもとになって、体にもよくない。肺炎やアレルギーの原因になるかもしれないので、少しずつでも片付けたい」

と伝えます。場合によっては、火事の心配や、床や畳が腐って抜けてしまうおそれがあることなども伝えます。

少しずつでも片付ける必要性を理解してもらったうえで、具体的に、何を捨てるかの検討に入ります。

例えば、本人にとって必要な物順に、「絶対残しておきたい物」「絶対というほどではないが捨ててほしくない物」「なるべく捨てたくない物」の三段階に分けてもらいます。

そして、「なるべく捨てたくない物」の中から、捨てられる物を少しずつ相談していきます。

人との会話を増やし、孤独感を和らげる工夫を

あるいは「捨てる」ということができないなら、いったん息子や娘の家で預かる、あるいは倉庫を借りてそこに一時保管する、ということを提案します。「また必要になったら、いつでも戻せるから」と言うと納得してくれるかもしれません。

その一方で、息子や娘が時々様子を見に行って世間話をするようにするとか、スマートフォンを使えるようにして、孫の写真をちょくちょく送る。LINEを覚えてもらって、孫とやりとりしてもらう。親戚や地域の人と交流したり、介護の在宅サービスなどを活用したりして、なるべく人との会話を増やしてもらう。そういうことを通じて、孤独感が和らげば、物に対する執着も少しは少

なくなってくるかもしれません。

家の中が片付いて、すっきりすれば、それがまた心地よさにつながり、協力してくれるようになるかもしれません。

「**ひとはみな　一人では　生きてゆけない　ものだから**」と、中村雅俊は「ふれあい」（作詞　山川啓介）という歌の中で歌いました。

一人でも、水や食べ物、お金があれば、肉体は生きていけるかもしれません。しかし、心は生きていけないのです。

「人生一〇〇年時代」といわれますが、死ぬまでの期間をどのように生きていくのか。経済的なことだけでなく、人とのつながりをどのように保っていくのか、私たち一人一人が、真剣に考える時が来ているのかもしれません。

おはよう
散歩途中で
かわいい犬に
会ったよ
かわいいなあ

18

運転免許証の返納を、高齢の父に勧めるには？

Q

先日、七十八歳の父が、運転免許証の更新に行ったところ、「『認知機能検査の結果、記憶力・判断力が少し低くなっています』と判定されました。免許証の自主返納をお勧めします」というハガキが届きました。

本人は、「大丈夫だ。高齢者講習を受ければ問題ない」と言いますが、家族は、高齢者の運転による事故のニュースもよく聞くので、「返納したほうがいいのではないか」と心配しています。

しかし、免許証を返納すると、外出する機会が減ってしまうので、よけいに認知症のリスクが高まってしまうのではないか、という心配もあります。

今までトラックの運転手を仕事にしていた父ですので、免許証を返納するのは、とてもつらいことだと思います。父に、どのように声をかけたらいいでしょうか。

（51歳　女性）

Ⓐ「危ないから」「年だから」といって、返納を勧める前に、考えるべきこと

近年、高齢者の運転による車の事故が、よくニュースで報道されます。「アクセルとブレーキを間違えて、集団登校の子どもの列に突っ込んだ」など、胸

を痛めるような出来事も少なくありません。

そういうことから、ご質問のように、「うちの親、運転大丈夫かな？」と心配になる人もあるでしょうし、高齢者の方ご自身も、不安に思われることもあると思います。

ただ、実際に、免許を返納するとなると、生活上にさまざまな支障が出てきます。本人のプライドの問題もあります。「そろそろ免許返納したら？」と話をして、「よし、分かった」と言うような人は、まず少ないでしょう。

むしろ、「まだまだ大丈夫」と言い張って、息子や娘の説得にも全く耳を貸さない。それを無理に言い聞かせようとすると、親子関係が険悪になり、「もうおまえとは話をせん！」ということにもなりかねません。

それなら国で年齢をはっきり制限して、何歳を超えたら運転はできない、ということにしたらどうか、などの声もあります。しかし運転能力とか認知能力は、個人差が大きく、八十歳を過ぎても、かくしゃくとしている人もあれば、六十代で認知症になる人もあります。年齢では区切れないのです。もっといえば、高齢者だから運転をするのが危険ということは、統計上は必ずしもいえないのです。

警察庁がまとめた年齢層別事故率を見ると、交通事故を起こす確率が最も高いのは、十代や二十代の若者で、それに対して、高齢者の事故率はそれほど高くありません。そして七十五歳未満の高齢者は、三十代前半までの運転者より、事故を起こす確率が低いのです。

ではなぜ、高齢者による事故が目立つようになってきたかというと、それは、高齢者が危険な運転をするからではなく、高齢ドライバーの数が増えてきたから。原因は高齢化社会にあるのです。

しかし実際に、ご質問のように、認知機能が落ちてきている、こういう場合はやはり心配ではないか、と思われる方もあると思います。私も、やはり心配です。

ただ、それを親御さんに話をする時には、なぜ高齢の方が運転免許を返納したがらないのか、もっといえば、「できないのか？」ということを知らなければなりません。

バスやタクシーが、車の代わりになるでしょうか

車の運転ができなくなると、高齢者の生活は一変します。まず、買い物に行くことが難しくなります。

車に乗れなければ、歩いてスーパーに行けばよいではないか、といいますが、それは一部の都会だけの話です。日本の多くの高齢者は、そういう都会には住んでいません。近くにあった八百屋や雑貨屋は、大きなスーパーに取って代わ

られ、商店街はシャッター街になっています。大きなスーパーは、たいてい、土地の安い郊外にあり、車がなければ行けません。

バスがあるではないかといいますが、最近はバスも赤字続きで、どんどん路線が廃止になり、本数も少なくなっています。タクシーを使おうにも、地方では店までの距離が遠く、四、五千円はすぐに飛んでいきます。

買い物だけではありません。車がないと、病院にも行けません。薬がなくなれば、高齢者にはそれこそ死活問題です。

家族に運転してもらえば、という意見もありますが、若い人はとうの昔に実家を出て、遠くに住んでいます。車での送り迎えのために、いちいち呼び出すわけにもいきません。

精神的な問題も心配です。免許を返納してから、めっきり外出しなくなり、一日家でぼうっとテレビを見ている、という人も少なくありません。公民館で集まりがあっても、車がなければ行くこともできません。何よりも、「車を運転できる」ことは、昔の人にとっては、一人前の大人になったあかしであり、「子どもや孫の送り迎えができる」「妻を病院に送っていける」ことは、人間としての存在価値、尊厳に関わる問題なのです。

車の免許を返納する、ということは、このような多くの問題を、同時に解決しなければならない、ということです。

そういうことを考えずに、ただ危ないから、年だから、免許を返納しろ、では、とうてい受け入れることはできないでしょう。

月に2回の通院
ブーン
しょんぼり
どこへ行くにも不便だから出掛けるのもおっくうだな……
スイスイ～
車に乗れなくなるということは人生の楽しみが変化することになるのね……

やがて、みんな年老いていきます。これは、みんなの問題です

ですからこれは、本当は、個人や家族だけで解決できる問題ではありません。現代社会は、急速に高齢化が進んでいますが、同時に、高齢者にとっては、どんどん住みづらい世の中になっています。

高齢者にとって住みづらい、ということは、人間にとって住みづらい、ということです。皆がいずれは年老いていくし、いつどんな病気や障害に見舞われるか分からないからです。みんなで、人間が住みやすい社会はどうあるべきか、一緒に考えていかねばならないのだと思います。

話が大きくなりましたが、娘さんとして、お父さんに免許返納を勧める時には、その後の買い物はどうするか、地域活動はどうするか、通院はどうするか、

家族として協力できることはないか、一緒に考えていく必要があると思います。そういう話を真剣にする中で、お父さんも、免許の返納を真剣に考えてくれるようになるのではないかと思います。

まず、運転の心がけから、話を始めてはどうでしょうか

また、いきなり返納するのでなくても、高齢者として、運転する時に心がけることがいくつかあります。手始めにまず、次のように、お父さんにそのことをお願いしてみてはどうでしょうか。

運転する時に心がけること

1 夜間や雨の日はなるべく運転を避け、明るい日中に運転する。

2 通学時間や交通量の多い時間帯はなるべく避け、慣れた道を選ぶ。

3
運転前に、どちらがブレーキで
どちらがアクセルか
指さし確認する。

4
睡眠はたっぷり取り、
長距離は運転しない。

5
なるべく自動ブレーキ（衝突被害
軽減ブレーキ）のついた車を選ぶ。

ただ、もしかすると、今の子どもたちが高齢者になる時には、「免許返納」という言葉自体がなくなっているかもしれません。その頃には、車の自動運転が行き渡り、スマホをポンポンと操作すれば、自動的に安全に、目的地に連れていってくれる時代になるかもしれないからです。

イラスト　　　太田 知子
装幀・デザイン　遠藤 和美

〈参考文献〉
はじめに
『LIFE SHIFT（ライフ・シフト）―100年時代の人生戦略』
リンダ・グラットン／アンドリュー・スコット(著)　池村千秋(訳)　東洋経済新報社
Q&A　4
『定年夫婦のトリセツ』　黒川伊保子(著)　ＳＢ新書
Q&A　15
『バリデーション―認知症の人との超コミュニケーション法』
ナオミ・フェイル(著)　藤沢嘉勝(監訳)　篠崎人理／高橋誠一(訳)　筒井書房
Q&A　16
『ユマニチュード入門』
本田美和子／イヴ・ジネスト／ロゼット・マレスコッティ(著)　医学書院
Q&A　18
『うちの父が運転をやめません』　垣谷美雨(著)　角川書店

〈著者略歴〉

明橋　大二（あけはし　だいじ）

心療内科医。専門は精神病理学、児童思春期精神医療。
昭和34年、大阪府生まれ。京都大学医学部を卒業し、現在、真生会富山病院心療内科部長。児童相談所嘱託医、NPO法人子どもの権利支援センターぱれっと理事長、富山県虐待防止アドバイザー、富山県いじめ問題対策連絡会議委員、富山県南砺市政策参与として、子どもの問題に関わる。
著書『なぜ生きる』（共著）、『子育てハッピーアドバイス』シリーズ、『みんな輝ける子に』『見逃さないで！ 子どもの心のSOS　思春期に がんばってる子』『心の声に耳を傾ける 親と子の心のパイプは、うまく流れていますか？』『教えて、明橋先生！　何かほかの子と違う？ HSCの育て方 Q＆A』（いずれも1万年堂出版・刊）など。

現在「子育てハッピーアドバイス」に書かれた「親も子も幸せになる子育て」を全国に広めるため「認定子育てハッピーアドバイザー養成講座」を開講し、支援者育成に当たる。（詳細は、「一般社団法人HAT」　www.hat-a.com）

家族と生きる ハッピーアドバイス
人生100年時代　心と心のつながり

令和５年(2023) ４月20日　第１刷発行

著　者　明橋　大二
イラスト　太田　知子

発行所　株式会社　１万年堂出版
〒101-0052　東京都千代田区神田小川町2-4-20-5F
電話　03-3518-2126
FAX　03-3518-2127
https://www.10000nen.com/

印刷所　凸版印刷株式会社

ISBN978-4-86626-077-8 C0095